谨以此书
献给我们敬爱的父亲

郑永铃　郑　莓
二〇一八年五月二十日

诗意的沉浸

郑震艺术人生

郑永钤 郑莓 著

安徽师范大学出版社

图书在版编目(CIP)数据

诗意的沉浸:郑震艺术人生 / 郑永铃,郑莓著. —芜湖:安徽师范大学出版社,
2018.6

ISBN 978-7-5676-3452-7

Ⅰ.①诗… Ⅱ.①郑… ②郑… Ⅲ.①郑震-传记Ⅳ.①K825.72

中国版本图书馆CIP数据核字(2018)第059151号

诗意的沉浸——郑震艺术人生　　郑永铃　郑　莓　著

SHIYI DE CHENJIN——ZHENGZHEN YISHU RENSHENG

责任编辑:张奇才　胡志恒

装帧设计:王　霖　桑国磊

出版发行:安徽师范大学出版社

　　　　　芜湖市九华南路189号安徽师范大学花津校区

网　　　址:http://www.ahnupress.com/

发 行 部:0553-3883578 5910327 5910310(传真)

印　　刷:浙江新华数码印务有限公司

版　　次:2018年6月第1版

印　　次:2018年6月第1次印刷

规　　格:700 mm×1000 mm　　1/16

印　　张:16

字　　数:218千字

书　　号:ISBN 978-7-5676-3452-7

定　　价:77.00元

代序一

华彩诗情　弥久逾馨

鲍　加

　　宛如一幢矗立的华厦，那巍峨的气势令人目眩，但谁都难窥视到那深深扎入地层中的桩石，更难体会到它沉重的负荷。一幢华厦如此，一番事业也是如此。我常忆起为现代安徽美术事业崛起而努力的一些前辈画家和朋友，缅怀逝去者，更珍视健在的。他们不仅是我省美术事业建设的基石，而且他们的学识、才智和创作经验将影响着一代又一代画家。如果要编写一部美术史，决不能忘却一位重要的开拓者和耕耘者——郑震教授。

　　我是在上世纪50年代与他相识的，距今已半个多世纪。岁月的侵蚀和磨难始终难以改变我对他最初的印象：坦诚、热情、耿直和那清癯面容、睿智的学者形象。建国初期从省文艺干校到省艺术学院、安徽师大，他都肩负着培育、扶植人才和繁荣创作的双重重任。在几十年的辛勤耕耘中，培育了我省首批美术骨干和一茬又一茬美术教学和创作人才。他艺教兼精，对艺术教育的忠诚、对艺术深沉的爱和执着的追求，构成他引人尊敬的艺术人生。今天回溯郑震的艺术历程和成就，最令我赞叹的是在长期纷杂的特定历史背景中，他始终保持着一个艺术家的可贵品格，不随波逐流，不媚俗趋势，坚持艺术创作的规律，坦陈心灵的真实感受，表达出自我形象。这就是他能形成独特艺术风格的根本原因。

年青的朋友今天可以随心所欲地探求个人的创作风格，选择自己喜爱的创作题材，表达自己对生活的真实感受，这些已不再是什么忌讳难题了。他们很难理解和体会到在过去特定的历史岁月中，惊涛般的政治漩涡和强力给予艺术家的制约。当我们回顾那个时代，郑震的创作道路便引发了令人深思的启示。1954年省第一次文代大会时，首届省美展中展出郑震几幅精彩的水彩画，我至今还依稀记得那透过淋漓水色所描绘的优美江南农村小景。这是我第一次见到他的作品，曾给予我最初的审美启迪。此后的数十年中，任凭艺术思潮瞬息变幻，他依然如故地真诚面对生活、面对艺术，冷静地、顽强地沉浸在他所钟爱的题材和形式中，不为思潮的涌动而转向。这是极为难能可贵的。记得1958年"大跃进"的狂热带给美术界一种概念化、庸俗化的创作倾向，标语、口号式的作品泛滥，郑震仍能坚持按照美术创作规律以抒情的手法创作了版画《在佛子岭人造湖上》。这幅优秀作品今天看来仍然散发出艺术美的芳香。同一时期的《江畔》构图形式和单纯的色调、严谨的刀法，也体现了他艺术上的个性追求。他善于表现恬静、优美的江南风情。翠雨春江点点桃花、薄暮时分一抹夕阳、野林寂寂、帆影片片甚至江南粉墙上空掠过的阵阵昏鸦……都令他怦然心动，构成一幅幅意味深远的画面。他创作的灵感是大自然引发的，作品毫无虚假和矫饰，更不去违背艺术的特殊规律而给有限的画面沉重的负担。

我们曾在一起谈论过艺术作品中的神韵，他认为作品的神韵来自对艺术意境的追求，更重要的是坦诚地表现艺术家自我蕴藏着的个性、感受，来不得半点的虚假，要以真为骨、以意境显示美。几十年来他从未动摇过这种信念，这才形成了他特有的清幽隽永、潇洒流畅的风格。郑震创作风格的形成，还得益于中国传统美学和他的文学、哲学、理论修养。他喜爱中国古典诗词，他的版画、水彩画、中国画表达出的诗情画意，无不体现着东方审美意识。

晚年他致力于中国画创作，乐此不倦，产量颇丰。他的水墨画的特点是汲取了版画、水彩画的技法，在传统基础上注重写生，布局、构图大都是平凡生活中探求美的启示，用笔率意洒脱，神韵秀逸，清新柔和，格调雅致。他喜欢描绘疏密有致的坚挺树干、青翠欲滴的丛林、星星点点的野花和飞溅的瀑布、清澈的溪流，透出一种生命的温润和谐，呈现出天宇澄明、山川如绣的意境，予人一种柔情似水的悠闲感，既呈新意又是他晚年心境的反映。这种精神气质与他的生活体验、艺术修养密切相关。他善于创造气韵风姿，把自然界的神韵升华为情态之美，可谓学力精深，植入厚蕴，很难从滋润的艺术灵性中看出是一位耄耋之年的老人所为之。我常称他晚年所作是"白鬓萧萧豪情在"，达到这种人生境界并体现于笔墨之中实非易事。

"风格即人"是法国启蒙运动时期的思想家、文学家布封提出的。郑震的艺术风格特征是他思想、知识、才情的结晶。他早已彻悟到艺术家只有真诚地与艺术融化无间，艺术家的本色和风格才能得到最终的体现。我们常常谈论画家的悟性，我以为包容着画家在实践中、思考探索中寻找自我的结果。

翻开汇集着郑震兄代表作品的这本画集，我仿佛看到一位豁达、乐观、睿智、心澄志明的老人，以及他身修神定的素养和精神风貌。前年我患疾，心境一时黯然，倾诉于他，他却来信示之：君不见一辆钢铁铸就的汽车，使用十多年，零件耗损也该报废，何况你的肉身器官为你效力七十多年，偶现病痛也该对得起你了，何苦怨之，我为之一震，深受长我10岁的郑震兄乐观豁达的心态所感染，顿时释然。他常以极富哲理的语言或诗句浸润着挚友的情怀，递上一份细致、温馨、婉约而绵长的深情。这些年来，我也曾与他行走于山川民居，仰观浮云，俯鉴流水。有时他也应其弟子友人之邀，外出讲学作画，搜集素材，但大多时间蛰居于芜湖赭山之麓的绿树丛中。小楼简洁无华，却恬静于市嚣之外，足以容他读书作画。年龄大了，不少故旧离他而去，或迁徙或远行，不免令他寂寞不已，感叹："现在连想找人抬杠也没有人了！"但他仍遵循先贤所云"学问主事贵孤注"，专注于艺事，陆续画出不少佳作，令人欣慰。

最近，一些好友将他的历年版画、水彩画和水墨画佳作汇集成《郑震作品集》。我在作品集付梓前拜读了入选的全部作品，顿时发出"华彩诗情、弥久逾馨"的赞叹。观赏他二百多幅精心之作，你很难相信这些是一位自学成才者的作品，是我省仅有的没有高学历而成为首批授予教授职称的硕导老师的艺术成果。他成功的途径惟非凡的劳动，刻苦勤奋，60多年来从不停顿，笔耕不辍，有着一种坐破寒毡、磨穿铁砚的韧劲，是聪明和苦行的结晶。郑震的艺术经历和成就，给了我们很多有益的启示，值得回味，值得探讨。

（鲍加，当代著名油画家，安徽省美术家协会原主席）

代序二

仁 者 寿

——写于郑震先生九十华诞之际

吴长江

郑震先生是我国老一代优秀的艺术家和教育家，是"新徽派"版画艺术和安徽美术教育事业的主要开拓者、奠基者之一。在近70年的艺术生涯中，他以艰辛的求索、不懈的努力，创作出大量具有深刻艺术魅力的版画、水彩画和中国画作品，同时，他更肩负着培育、扶植人才的双重重任，在几十年辛勤耕耘中，为安徽美术界培养了大批创作骨干和一茬又一茬美术教学和创作人才，从而赢得了安徽人民的高度赞誉和全国艺术界同行的普遍尊重。

综观美术发展的历史，每一个时代的艺术家的艺术追求无不深深扎根于他们现实的生存环境，关注和反映所处时代的社会风貌和精神生活。郑震先生的艺术成就，来自他人生的全部智慧，既是阅历、知识、经验、自我训练的综合，又是理论、生活、实践和创造的综合。像同时代大多数艺术家一样，郑震先生漫长的艺术生涯，经历了风起云涌的时代变迁和社会动荡。就像他在《回忆散录》中十分感慨地述说的："我们这一代人命运实在多舛。我十五六岁时赶上抗日战争，二十五六岁赶上解放战争，三十五六岁赶上'反右'斗争，四十五六岁赶上'文化大革命'。一生中最宝贵的时光，便是在这样的动荡中度过的。"但是，无论社会怎样动荡，时代怎样变迁，艺术家的个人生活经历怎样的起伏转折，从年轻时对黑暗势力揭露和控诉，对光明的憧憬和对民主与自由的追求，到五十年代新中国在建设社会主义的高潮中，怀着强烈的历史使命感和社会责任感，以饱满的热情投入了忘我的艺术创作，再到新时期"漫卷诗书喜欲狂"，以汩汩才思与旺盛的精力，连续创作出一大批代表性的作品，贯穿郑震先生创作生涯始终不渝的一条主线，是"在长期纷杂的特定历史背景中，他始终保持着一个艺术家的可贵品格，不随波逐流，不媚俗趋势，坚持艺术创作的规律，坦陈心灵的真实感受，表达出自我形象。这就是他能形成独特艺术风格的根本原因。""对艺术教育的忠诚、对艺术深沉的爱和执着的追求，构成他引人尊敬的艺术人生。"（鲍加先生言）在深入生活、关注时代，关注社会的艺术创作过程中，爱憎分明，坚守精神领域对和错、美和丑、好和坏等问题的基本价值判断，坚持对真、善、美的崇高追求，是郑震先生给予当下美术界和青年艺术家最重要的启示。

郑震先生是20世纪后期"新徽派"版画艺术独当一面的代表性画家。早在1946年他就被中华全国木刻家协会吸收为会员。此后，他受到来自延安鲁迅艺术学院的周芜先生的指导，"把他在延安鲁艺学得的美术知识和技巧用来规范我的美术学习方法，使我获益良多"。50年代，他的《在佛子岭人造湖上》除入选第三届全国版画展外，还被送往苏联参加社会主义国家造型艺术展览，并被东方博物馆收藏。1960年，郑震参加了由赖少其先生组织和领导的大型版画《黄山组画》的创作。该套作品因吸收融汇了曾经于明清时期辉煌一时的"徽派版画"技法，而被称为"新徽派版画"，在当时的画坛上享誉一时。尤其进入新的历史时期，郑震先生的代表作《黄山晨曦》创作完成，又给版画界带来巨大的影响。

郑震先生的艺术创作道路，一方面继承了现代写实主义的优秀传统，强调绘画艺术的正规基础训练，提倡美术家深入生活，观察生活，在生活实践中汲取灵感，在不断地磨炼与积累中完善自己的艺术创作。他特别注重写生，即使在80多岁的高龄仍然坚持到社会生活与大自然中去，大量地画速写，以此保持自己对视觉形象的新鲜敏锐的感受，并从中汲取不竭的创作源泉，在造型训练的千锤百炼中，将技巧的熟练与创造性有机而完美地结合起来。

另一方面，他又追求洋溢着抒情写意的古典浪漫主义传统，任凭艺术思潮变幻，他依然如故地真诚地面对生活，面对艺术，冷静地、顽强地沉浸在他所钟爱的题材和形式中，坚持按照美术创作规律以抒情的手法创作。他善于表现恬静、优美的江南风情，追求传统美学意境与生活情趣相交融的艺术风格。作品画面清幽隽永，构图潇洒流畅，蕴含着浓郁的诗情；他的刀法细腻，刚柔兼济，设色明丽而富于变化。在那恬美的意境、清新俊雅的格调里，包含着无尽的倾心自然、苦恋江淮山水的情愫。他的艺术灵感来自于大自然，故作品毫无虚假和矫饰之意，对艺术意境的纯粹追求构成了作品的深远神韵。

一个有思想，真诚而又敏感的优秀艺术家，应该忠实于自己的艺术劳动，忠实于自己挚爱的土地和人民，根植于厚土，同时又广泛吸收其他艺术乃至文化的营养。郑震先生是一位学者型的艺术家。他的青年时期醉心于文学，发表过散文、小说和诗歌；热衷戏剧，参与编导和演出。长期的阅读、思考和多种形式丰富的创作实践，使他形成了自己深厚的学术艺术积累。他尊重中国传统文化，但学术视野又非常开阔。他十分强调创作实践的重要，常常以自己的作品为范例，为学生讲解、示范、口传身授，另一方面，又极力反对那种就艺术论艺术，甚至将艺术教学仅仅理解为单纯技术传授的狭隘观点，十分警惕艺术学徒中普遍忽视理论学习的倾向。郑震先生长期致力在技术和思想两个层次上探索中西绘画审美精神、造型语言的融汇和创新。为了深入研究色彩的奥秘，他用水彩画工具临摹油画，以体会色彩关系的微妙度化。他还曾悉心临摹研究敦煌壁画，并尝试着把这种传统的色彩关系运用到套色木刻的创作中去……他坚持中西版画语言的纯粹性，同时又借鉴新的表现手段和媒介，拓展了艺术语言的丰富性。如《黄山晨曦》在现代技法的基础上，溶进了中国古代木刻线描和设色的长处，溶进了中国山水画的表现技法和取材角度，重建了以意象造型为基础的东方审美意识。

进入新世纪，我们一直在提倡美术创作的"中国气派"，主张精神层面上展现一种东方文化的魅力，展示中国人的独特文化及文化传承的关系，表现中国艺术所特有的健康、平和、雍容、绚丽而博大的气派。郑震先生坚持不懈地探索东西方美学体系，绘画语言的异同及融合的可能，孜孜不倦地致力于版画民族化现代化的实践，与我们提倡美术创作的"中国气派"的艺术理想完全一致，并且做出了重要贡献，树立了很好的榜样。

近日友人从安徽来，告以已届耄耋之年的郑震先生仍是耳聪目明，精神矍铄，言语清晰健谈。每天早起散步、读书、作画，关注新闻，了解国家大事，始终保持的是一颗对名利淡泊，对艺术热爱的赤诚之心，有着一份属于智者的平和、旷达、温馨与自由。这是安徽美术界的祥瑞，也是中国美术界同仁的福音。值此先生迎来九十华诞之际，谨撰此文恭祝庆贺，并祈愿郑震老健康长寿，艺术青春永驻。

（原文为《郑震山水画作品集》序，吴长江，中国美术家协会常务副主席）

目　录

郑震（1922—2013）

卷首

芜湖，一个美丽的江城，素有"云开看树色，江静听潮声"之誉。在城西南方向，郑震先生静静地长眠于回然园墓地里，享年91岁。

郑震——安徽现代版画艺术第一人，同时也是安徽高等美术教育和"新徽派"版画艺术主要开拓者、奠基者之一。他和赖少其、师松龄等人同为"新徽派"版画的领军人物。

中国美术家协会分党组书记、常务副主席吴长江对郑震先生作如下评价：

> 郑震先生是我国老一代优秀的艺术家和教育家，是"新徽派"版画艺术和安徽美术教育事业的主要开拓者、奠基者之一。在近70年的艺术生涯中，他以艰辛的求索、不懈的努力，创作出大量具有深刻艺术魅力的版画、水彩画和中国画作品，同时，他更肩负着培育、扶植人才的双重重任，在几十年辛勤耕耘中，为安徽美术界培养了大批创作骨干和一茬又一茬美术教学和创作人才，从而赢得了安徽人民的高度赞誉和全国艺术界同行的普遍尊重。
>
> 郑震先生是20世纪后期"新徽派"版画艺术独当一面的代表性画家。
>
> （《郑震山水画作品集》序）

在中国现代版画史上，郑震是卓然而立的一家。

上卷

一

　　郑震，原名世勋，字松年，别名侍薰。有人问他当时取这个笔名的用意，他说，因20世纪40年代初学习写作，开始在报刊发表文章时，用笔名"郑震"，取其谐音，久而久之就用作本名了。郑震祖籍庐州府，即现今的合肥市，解放前只是一个小县城。

　　1922年农历十一月十一日，郑震诞生在城南的郑家老宅，当时叫郑大房子。郑大房子坐落于合肥老城区城南南油坊巷，位于今天的桐城路与红星路交叉口以北。老宅往南约一里多路是月潭庵，再往前100米左右是旧时庐州府的护城河，河的南岸是古城墙，解放以后，城墙被拆了，但高高的墙基依然还在。护城河东与包河相通，西与雨花塘相连。在20世纪60年代以前还可以看到这样景色：每到夏日，千姿百态的荷花，亭亭玉立在翠绿的荷叶丛中，微风袭来，荷香飘然而至，沁人心脾，使人想起"接天莲叶无穷碧，映日荷花别样红"的诗句。河的两岸，垂柳依依。南宋词人姜夔笔下的赤阑桥就在这一带。他五次来合肥，都寓居赤阑桥畔，曾经写过一首《淡黄柳》词。词的序中写道："客居合肥城南赤阑桥之西，巷陌凄凉，与江左异。唯柳色夹道，依依可怜。"

月潭庵和郑大房子老宅之间，原来是郑家一个很大的花园，面积几十亩地，解放前还在。郑震回忆道，花园里有几十株桃树，形成一片桃林，每到春天，桃花一簇簇盛开，像粉红色的海洋，徜徉其间，美不胜收。

老宅北面大约200米处，原合肥八中一带，过去那里都是郑家的地面。这里原来是一个很大水塘，50年代附近的住户一般都在这水塘里洗衣服、洗菜、游泳、玩耍，水塘北岸是合肥市少年宫，后来水塘填了，成了八中校址。

在郑震记忆中，解放后郑大房子大门楼还在，坐西朝东，门前左右两侧是一对呈扁形的石鼓"门当"，小时候孩子们常常在上面滑着玩耍。

郑家祖先从郑震起，可以追溯到四世祖郑国魁（1844—1888）。郑国魁，字克义，号一蜂，外号郑驼背，江湖上人称"郑小老大"。其勇猛刚烈，是淮军的著名将领，曾经跟随李鸿章南征北战，建功立业。他从"巢湖盐枭"到记名提督，一生极富有传奇性。

郑国魁生活在近代中国初期的大变革年代。1840年，英国发动了侵略中国的鸦片战争。咸丰十年，郑国魁跟随李鸿章督师江苏，檄领亲兵水师后营，在四江口、昆山、宝带桥这些著名战役中，战功显赫，累官至副将。

史载，当时的苏州士民很感激国魁。因为在苏州被合围时候，为了使苏州城池和人民免遭战火洗劫，国魁曾经遣人去游说苏州守城将领许云官，劝其投降。并且折箭誓不杀降，许云官如约献城。但后来清政府还是把许云官等人骈诛了，国魁涕泣不食，自谓负约，辞不居功，仍以总兵记名，赐号勃勇巴图鲁。光绪中，署天津镇总兵。在他死后，苏州士民思念其功，建祠祀之。

郑氏是当地门第显赫的望族，和李鸿章、张树声两家都有联姻。

到了郑震父亲郑道襄这一代，郑家早已经衰败，兄弟叔伯经过分家，都自立门户。但郑大房老宅子仍然是一个整体，只是各家用围墙和堵死的门户隔开了。

郑道襄兄弟姐妹七个，老大一生无所事事，都在闲暇中养鸟、种花、玩蟋蟀、品茶。老二和老四早夭。老三是一个很守本分的人，但性格偏犟，一生大部分时间都在山东枣庄煤矿里担任职员，薪酬较为丰厚，以此养家活口。老三生有三个儿子。郑道襄是老五，受过较好教育，古文功底深厚，写得一手漂亮的毛笔字，花鸟画画得不错，还能用五谷杂粮和植物种子制成精美的"种子画"，参加过展览，获得好评。这些对郑震后来走上绘画艺术道路，无疑有着很重要的影响。

郑道襄属于清末民初没落的老式知识分子，虽然也受过一些新教育思潮影响，但总体上仍是陈旧的思维和生活方式占主导地位。他当过短时期的中学教师，也曾由于家族沾亲带故的社会关系，在皖南休宁做过几年地方税务局局长。郑震对他的父亲感情很深。四十年代中期，郑震孤身一人飘零在外，独处异乡，在思念父亲中写下了一首现代诗《遥寄父亲》，发表于西安当地报刊上。

《遥寄父亲》（节选）

我始终不会忘记，

在门前那株蓊郁的杨槐下，

稀疏银发的父，

对他将要远行的爱子，寄以无穷的期望，

愿我像那棵杨槐似的壮大。

我不敢再回头，

把这幅动人的画，当作生命的一个插曲吧！

紧一紧步子，奔向那条多荆棘的途，闯天下。

从此，

我穿梭在嚣张的烽烟里，

走过了中原受难的土地，

六月的炎，

我伸手向太阳，

在扬子江畔，

我偷渡敌人可怕的火网，

在清冷的月色里，

我爬过了八公山山麓，

汹涌的淮流的岸旁，

曾印下我流浪的足迹。

由于战乱，郑震时隔半年后接到家中来信，才知道父亲早已因病去世，悲痛欲绝，在报刊上发表了一篇怀念父亲的文章《献给父亲》，字里行间流露出对父亲深沉的感情，剪报至今还保留在家中。

《献给父亲》

郑震

在夜深的时候，我想着。二十三年前的今天，我是怎样的在母亲的痛楚与喜悦里，来到这万象的人世间，而我的父亲呢，在那种的漂泊的旅途上，他又是怎样地用焦愁与爱抚看着这新生的婴儿？

当我出生的时候，那个家是一个已经正在崩溃的世家，祖父死了，叔伯们一面看着祖父的棺材，一面很出神地注意着祖父所遗留下来的，他们将不用流一点汗而享用的房子和田地。在祖父和棺材，被大排场僧道的超度和鼓乐声、埋进那泥土的坑穴时去之后，这没落的贵族之家里，就起了一场可怕的争吵。男人们吵着，请亲友们评着理，女人们，指桑骂槐地，责打自己的孩子，有的斗败了，呜呜咽咽地哭起来了。

我的父亲和母亲，这一对年青而没有经历过这残酷的人生的夫妻，悲痛地，在冬天的黄昏郊野里哭祭祖父的亡魂！之后厌恶地出走了。悄悄地从南方，一直冒着冬天的冰雪，走向北国。在这样的旅程中，在这样的心情之下，他们用悲哀与欢喜，看着他们自己诞生的孩子，在北方的一个城市里。

因为厌恶那个挤满了倾轧的，没有幸福的家庭，我的父亲，他不愿回返到故乡，就是这样地，他用自己的劳力去工作，用工作的代价，让我们生活着。我们从一个城市走向另外一个城市，在童年的时候，我就过惯了漂流的生涯，每一块土地与生活在那里的人们，都不会使我感到不惯与陌生。因为当父亲向我说起故里家乡那样地丑恶，我便没有了怀乡的念头。

但生活，常常用无情的绳索，紧紧地把一些人们捆缚得透不过一口气来。我记得当我进中学读书的时候，倔强而可怜的父亲，常常和他穷朋友们夜晚在一起喝着酒叹着气，也常常暴躁地向母亲吼叫，但是不久，他们又都和好了，母亲流着泪用忍受与怜悯的眼睛看着他，父亲垂着头，默默地无语了。

生活的道路，原来就是崎岖而曲折的。父亲便在这坷坎的旅程中，用他的倔强，用他的善良支撑着走过来了。

被一阵时代的大风暴所卷起，父亲和我们从江南回到故乡来了。那是我出生以来第一次返回故里，我才看见叔伯父和亲戚长辈们，有的很阔绰地呼奴使婢地住在大花园里，也有些穷困了，吸着鸦片，卖完了自己的田地，像乞丐一样苟延地活着。他们对于父亲的归来，并没有什么惊奇与欣慰，因为父亲只是带着他的妻儿，并没有其他可以令人炫惑的财物。

我看见那些颓废了的古宅子，看见那些枯萎了的园林里的花木，当年辉耀的屋檐和柱子，我凄楚，但我也和父亲一样憎恨他们。

我的父亲在这个大家庭里应得的一份遗产，由一个叔父保管着，早几年他很认真地整理。因为那时我还没有出生，他预算把他的儿子过继给我的父亲，也就可以永远地占领这一部分不劳而获的财产了，虽然那财产的数目也是少得可怜。

当我们这一次从外乡归来的时候，我的叔父看见父亲已经带着他的孩子回来了，他非常失望，因为他多年的计划，被我的归来所击破了，所以他对我很不高兴，记得在一次我过着生日的时候，他从隔墙把死人的骷髅扔过来了，把破碎的碗杯子抛过墙来了。在我们故乡的风俗，这是一件非常不吉利的事情，但父亲却泰然处之。当母亲哭泣地向我讲说的时候，在人世间我第一次开始感到人与人之间的残酷与丑恶，我幼年的心灵上，便被这事情的毒刺所创伤了。

不久，我们又从那个古城开始流浪到别的地方去了，因为我们一家人对于这个城市和故居，都没有留恋。

在一次可怕的灾祸降临到这土地上时候，在中途路上。一个糜烂贫穷的村庄里，母亲病了，我和父亲都无助的看着她一天比一天沉重的病势，她是那样不舍地看着父亲，用手紧握着我的手，深沉地泛滥着无比慈爱与悲痛的目光，向我们作最后一次告别，她永远地去了。

忍着这沉重的悲凉，我后来又离开父亲而去向另一个很远的地方。我当时是怎样的一种心情呀，我知道在那次离开他的时候，将留给他如何过重的伤心和寂寞。在这漫长的岁月里，归期是没有法子预测的，因为路已经让嚣张的烽烟所阻隔，在这无法测量的年月里，将会有一种怎样的不幸，来摧残他的暮年呢？然而，为了一个号召，一个希望，我终于狠心地走了，虽然他在当时是鼓励我不可留恋这残破的家与家里的亲人，但是我知道他的言语后面，他的内心深处，埋藏着怎样的依恋和眼泪啊！

几年的日子里，因为奔走在漫长崎岖的旅程上，早已忘记自己的生日了，把沉重的思念和悲痛也冲洗得很淡很淡的了。只是带着一个永不失去的希望，陪伴着贫穷，艰难地摸索着，向前面走去。

在这座西北的古城里，又传来一个不幸的消息，父亲也去世了，死的时候，他的身边是没有亲人的，当时传来这个消息的时候，我的眼泪枯竭了，我迷惘地看着被血火所阻隔在千里外的地方，和那无法归去的路。七年的深沉想望，七年的翘盼重逢，便这样永远不能再见了吗？

年前，玲和她的朋友知道了我的生日，好意地为我祝福，我被这种感情所温暖这久已枯凉的心灵，但是它同时也给我带来了一大串记忆与悲哀，我被情感的火苗所灼伤了。当我二十三岁的时候，在那个不可知的世界里，父亲，你还是在对你的孩子报以慈爱的惦记吗？让我祈祷着，上帝使你灵魂永远地安息吧！你的孩子，将会继承你的倔强站着，不屈地走在人群里，他不怕贫穷和任何一种无理的灾害，他会永远地使你微笑着，因为他将是一个新世界里真理的卫士。

郑道襄一生娶过三房夫人。第一位夫人王善同，郑震称呼她叫大娘。大夫人和郑道襄结婚十多年只生了一个女儿，取名郑世模，她是郑震唯一的姐姐，长其十来岁。郑震当时是郑家的唯一男孩，亲娘早逝。大娘是一个知识分子，有一双缠足的小脚，善于应酬。大娘对其照料不错，尽到了养母心意。女儿郑世模是大娘自己亲生的，当然百般溺爱。

二夫人是随大夫人陪嫁带来的婢女，叫陶银花，上下都叫她银花。

"无后为大"，旧时认为没有子孙后代是最为不孝之事，女儿不能传宗接代。因此为了传宗接代，郑道襄娶了银花，当时大夫人十分不情愿但也无可奈何。次年冬天，银花生下一个男丁。郑道襄很高兴，给这个孩子取名世勋，意思是希望将来能建立功勋，荣宗耀祖。但是，儿子的出生并没有给银花带来好运，相反因为她是婢女身份，在生下郑震后，身体一直不能得到调养，她本来就受到大娘嫉妒、虐待、摧残，又长期患病，在郑震三岁时即一病不起，撒手西去。

银花虽是丫鬟，由于长期在大户人家耳濡目染，也知书达理，还能画几笔工笔花鸟画。郑震后来能成为一代画家，大概与其父母遗传有一些关系吧！因为银花是丫鬟身份，所以家里人对银花身世都讳莫如深，从不对郑震谈起银花的一切。

多少年后，郑震的儿女们问起奶奶情况时，郑震说，他对母亲的容貌、为人，以及她去世病因等等几乎是一无所知，只从伯母、姑母等人片言只语中，隐约知道一点有关母亲生平的碎片。所以，在郑震一生中，对母亲那种无法说出的隐痛，一直伴随着他抱憾终生。

三夫人叫翔凤，长得漂亮。翔凤为郑家生了两个男孩，分别取名世昌、世林，小名是大毛伢、小毛伢。三夫人在郑道襄死后改嫁一个国民党军官，解放前夕，由于战乱，人心惶惶，阴差阳错未找到世昌、世林兄弟，匆匆忙忙随夫去了台湾。80年代中期从台湾回到大陆寻找郑震兄弟三人，此是后话。

郑震回忆说，那时破落的郑氏家族，如同曹雪芹笔下的荣国府、宁国府，是一个腐败不堪的没落官宦人家。彼此勾心斗角，争夺家产。在郑震出生之前，住在隔墙比邻的堂房叔婶，看到郑道襄没有男丁，便欲将他们家的男孩过继给郑道襄，目的是将来继承其房屋和田地。但郑震的出生，打破了他们的黄粱美梦。

二

郑震天资聪颖，记忆超人，自小读书大多能过目不忘。他念书较早，在四五岁时，家中请了一位塾师教他和另外五六个幼童念书，教室就设在前面一进房屋厅堂里。一年后，他又转到距家不远的伯父家里和堂兄共读。

在私塾读了两三年，塾师很严厉，要求几个孩子从《百家姓》《千字文》《龙文鞭影》到《论语》《孟子》等都要熟读，并且能背诵。这为他今后从事文学写作和绘画打下了深厚的基础，终生受益。

郑震后来回忆起这段私塾学习经历说："我幼年读书，便生性要强。每天都要第一个进入学堂。如果学堂里已经有同学先到，就怨自己没有早起而哭泣了。背书也是如此，一本《龙文鞭影》我能顺背，也能倒背。我的塾师是一位六七十岁的老先生。为此他很高兴地奖赏我一盒绿豆糕，记得那天正是端午节前夕，他拍着我的头说："我要是大总统，就奖给你一块金牌。"对于一个孩子来讲，没有比这样鼓励更高的荣誉了。

1929年，郑道襄在郎溪任职，全家迁往皖南。郑震进入郎溪县小学读书，凭借几年私塾的功底直接插班进了三年级。那时候小学是分为初小四年、高小两年的学制。

1933年，郑震在郎溪县初小毕业后，又随家迁到芜湖读了两年高小。两年后，准备进入初中，但要经过考试才行。他的语文成绩一直很好，十来岁时，就已经在芜湖报纸《儿童园地》副刊上发表过作文，不过其他学科成绩平平，数学更是低劣。因此，郑震报考芜湖当时最好的中学七中时，名落孙山，只能进入当地教会办的广益中学就读初中。

广益中学，坐落在芜湖江边狮子山上，即现今芜湖市第十一中学。学校前身为广益学堂，后易名圣雅阁中学。这是一所教会学校，1899年由美籍瑞典人卢义德创办。学校几经迁移，数度易名，先后为广益中学、广益茂林分校等。

校园风景秀丽，西临长江，东望赭山。一幢五层西式楼房是1910年建造的，它是该校百年沧桑的标志。此楼建筑设计颇为讲究，精巧细致、秀丽天成，掩映在绿树丛中。伫立楼上，居高临下，可以看到滔滔长江和校园美景。楼的两侧分别是"义德楼"和"经芳堂"。"义德楼"是为纪念"广益学堂"创办者——美籍瑞典人卢义德而建造的，"经芳堂"又名"一九三六堂"，于1936年由李鸿章之子李经芳捐资建造。

值得一提的是，这个学校先后走出了老一辈革命家王稼祥、李克农和现代著名文学家阿英。为纪念王稼祥，现在校园北面建起了"王稼祥纪念园"，内有王稼祥铜像、纪念碑。

当时广益中学学校生活设施周全，尤其是图书馆设施很好。整整三年，郑震经常泡在图书馆里，求知欲望极强。在这里他翻阅了不少经典文学书籍。学习之余，他还喜欢踢足球，漂亮的球场上常常有他奔跑的身影。第十一中学现在是"安徽省青少年爱国主义教育基地"和"全国青少年爱国主义教育基地"。

郑震阅读广泛，在中学时代，除了在学校图书馆里大量阅读许多书外，而且利用寒暑假期，到距家不远的湖滨街民众教育馆图书室去借阅一批又一批小说。时间一长，管理书籍的工作人员认识了他，很喜欢这个坚持不懈的阅读爱好者，常常破例地借给他许多超过数量的书籍。

就这样，从《说岳全传》《七侠五义》《江湖奇侠传》《隋唐演义》等古典小说到现代作家如冰心、徐志摩等的作品，他都不倦地一本接一本地读着。以至几十年之后，已迈入古稀之年的郑震还是写武侠小说的还珠楼主人和金庸迷之一。

当时在芜湖长街的张恒春药店等商店屋檐下，每天都有摆设的连环画书摊，他常常一个人跑到那里租小人书看，一个铜板一本。书里的许多故事，能使少年郑震迷而忘返。

他也喜欢看新兴起的电影《火烧红莲寺》，喜欢听评书。在青弋江沿岸，说书人找一块空地，放十几条很矮的长板凳，围成好几圈。说书人一块惊堂木，一把折扇在手，便能眉飞色舞、绘影绘声地讲述那些野史故事。说书人带着沙哑的音色，舞动着手中的折扇，那生动的语言，多变的身段和手势，能使那些神奇荒诞的故事栩栩如生，从幻觉中变成似乎真实，使听众如醉如痴，一坐就能坐上两三个小时。当他们半日辛苦快要结束时，便留下悬念，行话叫卖关子，目的是吸引听众第二天准时再来。

这种生动巧妙的语言艺术，使郑震既惊奇又叹服。朋友们开玩笑说："郑老一生在讲台上，讲课语言那么幽默风趣，生动传神，潇洒自如，也许得益于此吧。"

在广益中学，郑震有幸遇上了两位老师，这对他以后的人生道路，有着深深的影响。

一位是教国文的王老师，王老师讲解古典文学，深入浅出，生动有趣，能极大地激发学生的兴趣。如《祭十二郎文》《陈情表》《岳阳楼记》等这些文章，多少年后郑震都能熟读背诵。王老师也教了很多白话文、新诗。这些新知识开拓了郑震的视野。

那几年正处在"九一八"事变之前，全国人民都有一股强烈的抗日情绪。郑震受此感染，满怀爱国激情写下一篇作文，表达了强烈的同仇敌忾愿望。王老师在作业本上批了一段话："读此如服清凉散，胸襟为之一快！"。短短的两句批语，给一个正在学习中的少年以极大鼓舞，甚至可以说为他以后学习文学写作埋下了种子。

时隔七八十年之后，郑震依然能记得这两句批语。

另一位老师是黄敬凯先生，可以说，他是郑震以后从事美术事业的启蒙师长。郑震在《师情之忆——复姚和平先生》一文中，记载了这段往事。

黄敬凯是一位勤勤恳恳，忠厚老实，不善言辞，甚至讲课都显得有点笨拙的长者，但教学很认真，在课堂上不厌其烦地一笔一画地教学生们画铅笔画、水彩画，还教授纸工、简单的泥塑等。

郑震从小受到父亲的一些熏陶，对美术非常喜欢，黄敬凯先生发现了这个学生在绘画上很有天分，便热情鼓励他从事这一行。先生的关切、慈爱和教导，对郑震以后以美术为终身事业起到了极其重要的作用。有趣的是，几十年后，这对师生又在芜湖重逢，黄敬凯和郑震妻子同在一所中学里共事，他常常买点东西去看望黄敬凯。可惜黄敬凯先生由于那个时代原因，退休之后晚年生活很不愉快。郑震一生都很感激敬重这位老师，在黄先生去世之后，还一直怀念追思他。

1937年，郑震从广益中学初中毕业，从此他开始了十多年的颠沛流离和艰苦的自学生涯。

那一年，郑震15岁。

三

1937年，正值"七七事变"爆发，抗日战争开始。这年初冬，战火迅速自北向南蔓延，芜湖不时拉响空袭警报。次年12月芜湖沦陷，县城被日军占领。郑道襄只得举家回到合肥郑大房子老宅，郑震也被迫终止了在学校继续念书。

家中经济拮据，有时还要靠借债勉强度日。没住多久，合肥也感受到日军南攻的威胁，县城的很多老百姓纷纷"跑反"，有的离乡背井跑到大后方，有的去了山村僻壤。郑道襄也带着全家躲到了距县城几十里外的肥西农村，寄居在一位崔姓亲友家的三间茅草屋里。

风声愈紧，逃难者愈多，一家人日子一天比一天艰难。屋漏偏逢连夜雨，一开始疟疾在肥西乡村传染，接着是可怕的伤寒病又传染开来，家中每一个成员都患上了伤寒。郑震也不例外，被伤寒病几乎纠缠了一年多。在当时情况下，物质条件极度匮乏，缺医无药，只能用一些民间土方来碰碰运气。乡友们给郑道襄传授一个土方子，要他叫儿子迎着早晨的太阳吃鸡蛋，并在手腕上绑敷着大蒜，说是这样可以治疗伤寒，但这一切都无济于事。一家人陷于疾病的折磨之中。在这期间，郑震的大娘终于熬不住，死后连一口棺材也没能找到，便草草地埋葬了。

姐姐郑世模和丈夫此时也在这里，他们出生不久的男孩也因伤寒而夭折。在面临饥馑和疾病双重压力下，为了活下去，郑世模和丈夫只得回到合肥城中谋生，此时县城已被日本人占领。郑世模丈夫是一个铁路方面的技术人员，在城里勉强找到一份能够糊口的职业，解放后任淮南铁路站站长，后调往天津铁路站。

他们走后家里只剩下三个人，郑道襄父子和另一个十几岁的农家女子翔凤。郑道襄在休宁做税务局长时，花钱买了两个女孩子陪伴照应大夫人，大夫人死后，由于逃难，生活困难，其中一个女孩子就许配给当地一个农户人家，另一个就是翔凤留了下来，在郑震离家寻找出路后两年，翔凤成了郑震的继母，即三夫人。

在这场伤寒病传染中，郑震侥幸地躲过了一劫，病好时，他连站立走路都是歪歪斜斜地不稳当。

一家人所住的村庄距合肥仅有三四十里路，日本人占领合肥县城后，时而也来到村庄骚扰一下，弄得人心惶惶。当地的局势也比较混乱，小小的集镇基本属于"三不管"地带，但三方面人又时不时来到这里做些宣传。小镇人往往清晨起来，在周围墙壁上能发现三种布告：有新四军游击队的，有国民党乡公所的，也有日本人控制下伪政府的。

1938年前后，镇上人就在如此动荡不安中生活着。农村里除了农耕和抓鱼捕虾还在继续着，其余的时间镇上人就是玩押宝、纸牌各种赌博等。更有甚者则酗酒斗殴。一次，郑震曾经亲眼看到两家地主武装，为了抢夺一个逃难来的漂亮小媳妇，而开枪武斗，其混乱可见一斑。

少年郑震在这样环境中，整日百无聊赖，农村无书报可看，更谈不上学习。他感到苦闷，不知道自己该做些什么。就在他感到人生迷失之时，一次偶然的旅行，改变了他的生活方式，使郑震从迷茫中走出来。

郑道襄兄弟姐妹七人，五男二女。两个姑母都很喜欢郑震，对这个侄儿疼爱有加，常常接他到她们家里去住一段时间，在生活上给予很多关爱。姑妈每年都给郑震做几双合脚的布鞋。即使后来郑震一家到了皖南，仍然做鞋寄去，一直到郑震进中学时都未曾断过，所以郑震对姑妈感情很深厚。解放后，几十年中曾几次去过肥西寻找，一直到他九十高龄时候还想再去肥西打探姑妈家的消息，可是那里早已物是人非，联系不上。

其中一个姑妈十七岁嫁到肥东花墩大圩子一户张姓人家，距梁园镇不远。所谓大圩是指四边有围沟，里面有一座庞大的庄园。张家很显赫，也是清朝的显贵世家，在当地可谓名门望族。但郑震姑母却很不幸，嫁过去不到半年，姑父便在一次驰马中堕亡，留下一个遗腹子，是郑震表兄。姑妈青年时就开始守寡。此时，听说兄长郑道襄家中的变故，便托人带信，要他们全家到花墩大圩子住一段时间。

姑母家住在肥东，郑震一家此时居住在肥西，两地相隔一百多华里，途中还必须绕过被日本鬼子占领的合肥城区。因此，郑震一家只能昼伏夜行，徒步赶路。

郑震在姑母家住了七个多月，表兄对郑震影响很大。表兄比他大十三四岁，在十七岁时，便已早早结婚，婚后几年曾去日本留学。留学期间，表兄学习成绩很优秀。但年轻的表嫂，听了某些亲友无知瞎话，说是日本女子温柔多情，你丈夫将来一定会娶一位日本妻子把你休弃。表嫂慌了，便天天跟婆婆吵闹，要婆婆让表兄回来。婆婆不同意，表嫂偷偷拍了一份电报谎称"母亲病危，务必速归"。表兄接到电报，立即赶回家中，发现这是谎言，但人已回来，加上那时中日之间关系日益紧张，他也只好无可奈何地留在家里了。

表兄在日本只待了两年，学业未竟，回到那闭塞落后的农村，虽然家境优裕，却无所事事。表兄很有抱负，曾经想搞一个种植园，种果树和经济作物，也曾想办一所小型工业作坊，但理想终究没有实现。

表嫂为了把丈夫羁绊在家里，竟然劝表兄吸食鸦片。结果鸦片吸上瘾了，从此便慵懒无聊，终日闲散地做着大少爷，白白地浪费了自己的生命和才华。几十年后郑震谈起这位表兄，还为之惋惜。

表兄有修养，学识广博，既有传统文学素养，又接触过西方知识，再加上家里有很多藏书，这种氛围，激发了郑震对知识的追求。表兄也很喜欢郑震，说他很有天分，是学习的好料子，将来一定会有成就。

表兄在烟榻上当起了教师，一边给郑震讲解古典文学，讲解西方的许多见闻，一边指着书架上丰富的藏书，要表弟遍读李白、杜甫、白居易、苏轼等唐诗宋词，还要表弟阅读《红楼梦》《西厢记》等古典小说和一些现代作家的名著，在表兄的影响下，郑震如饥似渴地泛舟在知识的海洋里。

在以后的岁月里，郑震谈起这位表兄，总是心存一片感激之情。可以说，当时是这位表兄为郑震开辟了一片清新的视野，使他和中学时代对文学的爱好衔接起来，改变了迷茫中对待生活的态度，促使郑震认识到，再也不能像以前那样浑浑噩噩地过日子，萌发了对人生理想的朦胧追求和离家外出念头，决心自己独立去摸索新的人生道路。

四

1939年春，郑震独自离家出走。离家时只带了一点衣物和为数甚少的旅费。到哪里去？去干什么？郑震心里都没有底，就这么一直往合肥县城外方向走。走了五六十里路，来到县政府所在地——合肥西乡。郑震原来想看看能否继续求学，可那时并不是招生季节。

也许正应了一句古谚：天无绝人之路。郑震在小街上漫无目的地走着，偶然看到沿街墙上贴有一张抗战动员委员会招收学员的广告，县政府要建立一个抗日宣传队，招收青年队员，条件要求不高。

郑震抱着试一试的想法，走进一处叫作刘老圩子里的动委会报名。接待人是一个姓刘的中年人，在场还有七八个年轻人，都是学生模样。考试很简单，每人做一篇有关抗日内容作文，写一张大、小毛笔字。再就是口试问询一下年龄、学历和家庭籍贯等，总共花了不到半天时间。这些报考的学生，全都被录取了。

抗日宣传队成立了，一共大约有二十人左右，隶属于县动员委员会。队长姓查，他的妻子姓张，夫妻两人领导这支宣传队。宣传队设备很简陋，生活也较清苦，不过当时的青年学生，大多热血沸腾，有着一股抗日热情。

郑震在"口述历史"录音中很风趣地说了一段：

> 那几个月，我们这些年轻人，每天都怀着一股激情，积极学唱抗日歌曲，如《流亡三部曲》《松花江上》等。每天从早到晚排练、学唱，吵得看门老头都烦了。记得一次在学唱《夜半歌声》，里面有句"我是那山上的树，你就是那树上的藤"唱词，老头在一旁听了嘀咕道："你们就是那茅坑里的屎，我就是那屎上的苍蝇"，引来哄堂大笑。

那时，日本人只占领了县城，而周围广大农村集镇仍然在国民政府管辖之下。宣传队在这些乡镇之间巡回演出，每到一个集镇就进行抗日演讲，表演一些简单的活报剧，在墙上刷些"把日本鬼子赶出去！"等大标语，活动显得有声有色，形式上也活泼生动。尽管每一次演出还比较稚拙，但符合了当时人民群众对抗日所拥有的热情期望，因此所到之处，很受欢迎。

可惜这个宣传队却是一支短命的文艺小分队，前后不到四五个月，便被国民党政府当局以受到共产党影响为借口下令撤销，连同县动员委员会都一齐解散。

文艺小分队解散了，这群青年只得各自寻找生路。郑震和三四个较为接近的朋友，都想继续升学念书。大家商议决定，一起去当时安徽省政府所在地立煌县城，即现今的金寨县。

到了立煌县，正值暑假后的招生季节。郑震想读高中，去报名考试，但由于原来在初中学习就偏科，数学成绩很差，再加上抗战爆发这两年逃难，学业荒废，结果没考上。

失学、失业同时困扰着郑震，他感到无助。同行来的几个朋友都已星散，只剩下他一个人仍然住在县城一家小旅店里。一两个月下来，身上仅有的一点钱用完了，只得将一只手表和两件稍好一点衣服卖掉，以偿还旅店的食宿费用。

饭店老板为人倒还厚道，继续留他吃住在旅馆中，但他已经身无分文，吃一顿，饿一天，日子十分窘迫。天气渐渐冷了，郑震饥寒交迫，不知如何是好。

就在如此艰难的日子里，郑震认识了一位常来客栈查店的朋友，在保安稽查处工作。他比郑震大几岁，因为常到店里，便相互认识了。当他知道郑震处境后，寄以同情，介绍他到一位安庆同乡经营的饭店里去帮忙。

郑震是一个中学生，虽然有一点文化知识，却没工作经验，尤其是在饭馆里，很难安排适当的工作。老板便让他做些杂事，每天在门前黑板上写一些菜谱名称，时而帮助账房先生收点钱币。饭店里许多和他年龄相仿的侍者，对这个学生出身的同事，都很友好。他们常常从一些达官贵人大宴宾客的酒席之中，顺手牵羊搞来一些好的食物，和郑震分而食之。郑震在饭店打杂，没有固定工资，只能在顾客所付小费之中，分得很少的一点，但他满足了，起码暂时不会挨饿。

每天晚上，郑震无事可做，无书可读，感到无聊。那位当稽查的朋友，门路广泛，认识人多，经常带着他到戏园子里白看戏。

郑震童年在芜湖时，常常路过大观园的露天卖艺场，会停下来看一会那些卖艺人的演出，时间长了，对中国传统戏剧和曲艺竟然很痴迷。由于这原因，现在能有机会几乎每天晚上有戏可看，尤其是京剧那华丽的服装，娴熟而优美的唱腔，使得他即便是站着，也能一连两三个小时从开锣看到散戏。几个月下来，他和剧场的一些青年演员渐渐混熟了，从那里学会了一点唱腔和表演技能。以至多年之后，他不仅是戏迷，还能在京剧舞台上客串一票，平时在家中也喜欢收听电台里播放的京剧唱段，到了晚年，还常常在下午观看电视上播放的京剧节目，时而跟着哼上一段。

他和友人说："我喜欢京剧，但不拘泥于某一派。我对京剧还有点内行，既喜欢梅派的庄重深邃，尚派的矫健流畅；也喜欢程派的深沉含蓄，荀派的自然质朴。马连良唱腔委婉、新颖，念白清楚爽朗，声调铿锵，做工潇洒飘逸。程砚秋可贵之处能在艺术上勇于革新创造，讲究音韵，注重四声，根据自己的嗓音特点，创造出一种幽咽婉转、起伏跌宕、若断若续、节奏多变的唱腔。"

又说："我最欣赏'三鼎甲'之首程长庚，他有戏德。他是我们安徽人，被称为徽班领袖、京剧鼻祖。老一辈的京剧名角大多具有爱国、尊师、帮助同行的传统美德。唱戏的要有戏德，我们搞美术的同样要有画德。"

郑震说程长庚有戏德是指：程长庚不仅台上技艺精到，而且台下品德卓越。

辰穆公在其所著《伶史》中记称，程的品德"虽古时贤宰相，比之亦不及矣！""长庚视同行如手足，艺友每遇家资拮据，他便勇解私囊从不吝惜。"而他自己却是"布衣粗食，素资甚微"。特别是1840年鸦片战争爆发，清政府丧权辱国，与洋人签订了臭名昭著的《南京条约》，为此全国人民义愤填膺。这时"长庚痛欲绝"，他从此"谢却歌台，终日闭户不出，郁郁于心"。不唱戏无生活来源，经常寅吃卯粮，食无隔宿，友人劝他"出山权宜，以解燃眉"，他"泫然涕泪曰：'国蒙奇耻，民遭大辱，吾宁清贫亦不浊富。何忍作乐歌场'！"说完"潸然泪下"。

（刘东升《程长庚的戏德》，载《人民日报（海外版）》2000年11月21日第七版）

郑震欣赏的也正是程长庚这种忧国忧民、乐善好施的品德。

然而，郑震毕竟是有抱负的热血青年，不可能也不会在这样的日子里混下去，他知道目前的状况不是长久之计。

每天，他都想重新找一份正式工作，安定下来实现自己求学的梦想。半年后来了机会，省保安司令部下设的"防空司令部"发布招收职员的广告。郑震去报考，被录取在这个机构里担当一个小职员，做文书工作。其实，这个名叫司令部的机关，只是保安司令部下属一个科级单位，总共也只有十几个人，还同时挂了另外一个"航空建设协会"牌子。

那时，安徽省国民政府已撤退到穷乡僻壤的大别山中，哪里还会有什么航空建设可言？这个单位的任务只是根据下面报来的材料：某年某月某日多少架日本飞机，在某个地方投下了多少枚炸弹，造成多少人死亡，郑震的工作就是把数据统计出来，上报上级机关。另外抄抄公文，刻刻钢板印成统计表格。

有了这份工作，解决了郑震的食住难题。他拿到第一个月工资时，到原住的小饭店付清了所欠的食宿费用，取回了抵押在那里的简单行李，住进机关宿舍。

在"防空司令部"工作，郑震有幸结识了两位朋友，这对他以后人生道路的选择，起到了至关重要作用。郑震回忆说：

> 朋友这两个字，在我的一生当中，是值得我尊敬和骄傲的名词，因为我的家庭对我的学习和工作，影响不显著，少年时代的同学后来也都是星散没有联系。但这一年多认识的几位朋友给我以帮助，点拨和影响很重要，尤其是殷、董两位同事。

郑震提到的"殷、董两位同事"，一位叫殷乘兴，另一位叫董光昇。二人都来自合肥，比他大三四岁。郑震和他们在人生经历上有很多相似之处，都是爱好业余文艺写作的青年，没有受过正规学校教育，只在私塾里读了几年《百家姓》《古文观止》和一些唐诗宋词等，后来的学业修养都靠自学，这种共同的遭遇，使他们几个人很容易成为朋友。

殷乘兴和董光昇是"防空司令部"第四科科员，业余爱好文学艺术，均致力于读书和写作，二人在当时的报刊上已经发表过不少诗歌、散文和小说。

郑震对他们欣羡不已，尤其殷、董二人那种文学青年所特有的气质，深深感染着他，使他在踟蹰的迷茫里，从漫无目标的惶惑中醒悟过来，重新唤起了对读书的痴迷及文艺爱好。

殷乘兴和董光昇当时都已成家，他们像兄长一般关心郑震，除了日常生活照顾他以外，更多的是从学习上给予帮助。他们对写作的高涨热情感染着郑震，他们发表的每一篇作品，郑震都贪婪地阅读。抗战时期，物质条件十分艰苦，但殷、董二人却买了很多新出版的文艺书籍，郑震一本一本地借来。他读了鲁迅、巴金、曹禺那些当代作家的名作，也读了许多翻译小说，还认识了那时已在金寨的当红作家姚雪垠。那一段时间，他读了很多书，几乎到了废寝忘食的地步。大量的阅读使他开拓了学习视野，心灵得到净化，精神世界似乎升华到了一个新的高度。

1940年前后，金寨作为安徽国民政府的省会，文艺界很活跃，话剧表演团体就有两个，一个叫青年剧社，一个叫抗建艺术社，经常演出话剧。当时姚雪垠也在金寨主编一种刊物，他是现代著名作家，解放后写有《李自成》等长篇小说，轰动了60年代的中国文坛。

郑震曾经以一个爱好文艺的青年身份，去拜访请教过姚雪垠先生。姚雪垠很热情地鼓励他从事写作，在以后的日子还通过几封信笺联系，可惜由于战乱等原因，这几封信笺都不知去向。

在这些师长鼓励下，郑震萌生了写作的冲动，开始悄悄地学习写作，从短小的小品散文开始写起，内容大都是回忆他在抗日战争开始后逃难的经历，写他在农村生活的一些体验，写对日军侵略以至家国破碎、同胞流离的憎恨悲痛，文字虽然稚嫩，但感情却是真挚的。

他怀着忐忑不安的心情，把自己的处女作悄悄地投寄给当时省报晚报副刊。第一篇《我自故乡来》的散文被刊载发表，使郑震异常兴奋，晚年他在一篇《半生坎坷　一世友情》文章中追述了当时的心情：

> 至今我还能记得当我在那时的晚报副刊上发表我的第一篇题为《我自故乡来》的散文，那种喜悦的心情使我产生了今后从事文艺工作的信心。

（《郑震文集》，安徽美术出版社2012年版，第236页）

自发表第一篇习作之后，郑震的写作激情便不可抑制，那两年里，他在报刊上发表了几十篇文章。他几乎把全部业余时间都投入写作之中，加上殷乘兴的帮助和鼓励，他又学习新诗创作。这对他以后一生从事美术创作和高等学府的美术教育打下了深厚的文学基础。

五

郑震和董光昇交情最为深厚。在人生旅途中，有时候某种机遇能起到关键的转折作用。郑震走上版画艺术道路并为之能奋斗70余年，正是得力于和董光昇的交往，可以说董光昇是郑震以后从事木刻版画艺术的引路人。

董光昇，安徽合肥人，笔名汀桥，因为他父亲早年参加北伐战争，在著名的汀泗桥战役中牺牲。为纪念父亲，故以"汀桥"为笔名。其童年家境清寒，由寡母哺育，仅读过三年私塾，后来的艺术成就，诗学素养，金石篆刻等都是通过艰苦自学而取得的。董光昇长郑震三岁，古文功底深厚，工于书法，精于金石治印。尤其他的篆刻，乃独具风格，章法有致，质朴中见奇恣跌宕，飘逸中见淋漓雄健，线条金石味很浓。解放后在那一段特殊时期，为了生计，还曾经挂牌于市场，专门为人刻印治章，以微薄收入贴补家用。

董光昇受到那时报刊上有关抗日题材木刻作品影响，开始摸索木刻艺术。对于美术，郑震童年时期便有兴趣，因此也跟着他一起尝试着学习。

木刻版画乃版画的一种，是在木板上刻出反向图像，再印在纸上欣赏的一种版画艺术。宋人沈括《梦溪笔谈·杂志二》曰："予奉使按边，始为木图写其山川道路……至官所，则以木刻上之。"

在木刻创作中，作者在自画、自刻、自印的艺术中可使自己的创作意欲和艺术特点，得以充分表现和发挥。这种独特的刀味与木味也使木刻在中国文化艺术史上具有独立的艺术价值和地位。

鲁迅在《书信集·致张慧》中说："弟非画家，不敢妄说，惟以意度之，木刻当亦与绘画无异，基本仍在素描，且画面必须统一也。"鲁迅《书信集·致罗清桢》："我以为少年学木刻，题材应听其十分自由选择，风景，静物，虫鱼，即一花一叶均可。"鲁迅提倡新兴木刻，是指以刀代笔，放刀直干，这样作品具有鲜明的艺术创造性。木刻种类很多，有套色木刻、油印木刻和水印木刻等。郑震他们那时摸索的木刻是黑白木刻，也称"单色木版画""木刻"，是木刻版画类型之一，是在一块木板上直接完整地表现主题，刻画形象，并用黑墨（或单一色墨）在纸上拓印。

那几年由于鲁迅先生的提倡，报刊上经常刊登一些木刻作品，都是黑白木刻。抗日战争时期，印刷条件比较差，木刻以刀代笔，优势独特。起先，董光昇对木刻这种艺术形式很有兴趣，便开始摸索。郑震由于原来就对美术兴趣很浓，也跟着董光昇一起尝试探索。郑震后来对人笑着说："这一尝试就是七十几年的时光啊！"

兴趣虽有，可是两个人对木刻的制作过程，几乎是一无所知，也看不到本地木刻家的原作品，报刊上发表的也只是从别处转载而来。就在这样条件下，董光昇和郑震，一步步开始摸索。由于缺见少闻，他们以为报刊上发表出来经过制版将原稿缩小的木刻作品，尺寸大小就是这样，于是采用十分笨拙方法，将报刊上的木刻作品剪下来，贴在木板上，照葫芦画瓢，实际上是对别人作品的复制。

他们不懂得木刻上有多种多样的专用刀具，但董光昇有金石镌刻经验，能用一把刻字刀，很快地模仿木刻作品中那些富有变化的美丽线条，郑震跟着他亦步亦趋地学刻。每一根线条都要刻很多次才能形成。刻一根阴线条，就要在板上先从左边刻一刀，再从右边刻一刀才能刻成。一幅版刻好后，也不知道木刻的拓印方法，于是就仿照印章的拓印方法，用一块旧布包着棉花，蘸上刻钢板时所使用的油墨，扑打在刻成的木板上，才印出一幅版画。

在摸索过程中，两个青年遇到了难题。董光昇只擅长用刀刻木板的技能，不会画画，郑震虽然会一点简单画法，但缺少基本功夫。于是，他们开始临摹印刷品中的美术作品，临摹街头宣传画，参观画展，学写美术字，凭着对木刻艺术的热爱，不倦地向前追求探索。经过一段时间，他们开始在报刊上发表了几张小幅木刻画，内容是表现抗日题材的。看着自己的处女作，虽然只是模拟，二人也有着一种制作成功的喜悦。

这一时期，郑震的木刻技法是十分粗糙、笨拙、幼稚的，但却锻炼了他能仅用一把刻刀就能刻制出准确物象的技巧，以致两年后，他在西安买到专用木刻刀具时，很快地就能掌握这种工具的性能。

郑震在给友人信中对这段历史作了总结：

> 现在回顾当年，1940年起，在大别山中是我自学生涯的起步。这几年间，由于殷、董两位朋友的影响，我大量的读书，勤奋的写作，参加了一些文艺界的活动。我和一群写作的青年爱好者曾经组织过一个"大别山诗歌社"，定期举办作品交流和朗诵等等，大大地开拓了我的视野，提升了学习的自觉，扩展了知识范围。开始了对版画的尝试，在大别山中的这两三年，是我人生道路的转折点。从对文学艺术的热爱开始，从练习写作起步，此生便确定以此为终生事业了。因而这是一段难忘的岁月。

这一年，郑震18岁。

在以后的漫长岁月里，他一直对别人说，董光昇是他从事版画艺术的启蒙老师。他在《半生坎坷 一世友情》中有一段很动情的文字：

> 现在每当我回忆起那一段人生的岁月，在那个烽火连天艰难困厄的日子里，与汀桥建立起的青年时代的友谊，朝夕相处，赤诚互助，读书疑义相析，做人相互慰勉，是一种志趣相投、真诚无私的人际交往，因而这种情谊一直延继了五六十年之久，直至如今，到了耄耋之年，我仍然清晰地记着他当年手把手教我运用刻刀的情景，历历如在

眼前。

　　我们在大别山共事的日子大约两三年，后来，我只身去西北，仍然和他保持着密切的文字和书信的联系，即使是硝烟遍地烽火连天，也不曾中止。我想请他为我刻一方章，远在几千里外向他求助，不久他便刻成寄给我，因关山遥隔，邮途不畅，我收到这枚图章已是两个月以后的事了。因而益感珍贵。至今已数十年，这方印章仍然完好无损地在使用着。

（《郑震文集》，第237页）

六

　　在金寨两三年期间，大量的读书写作和学习木刻，使郑震看到了世界的广阔，懂得了生活的丰富。他不再满足于科室里做抄抄写写的单调工作，他想到更广阔的天地里去闯荡，使自己有更多生活阅历。尽管那时郑震还不知道，他前面的路会有多少荆棘险阻，会有多少未知数，但大别山的一段流浪经历，反而促使青年郑震决心走出那闭塞的大别山，看看外面的精彩世界，实现当作家的梦想。

　　1942年，抗战已经进行到第六个年头，这是最艰苦的一年。国共两党都在招揽青年人。这年春夏之交，设立在西安的战时工作干部训练团第四团，简称战干四团在立煌县城招生，报考科目有会计、政工、军垦等。

　　战时工作干部训练团招收青年学生，一方面是为国民党当局所用，另一方面是为了阻止青年学生去延安而设，因为当时一批又一批的知识分子奔赴延安。但是由于交通闭塞等原因，郑震他们这些山区的青年学生，在当时不可能知道这些内幕。

　　郑震觉得这是离开大别山走出去的一个机会，就去报考，结果被录取在军垦班，学制一年半，毕业后将去大西北从事垦殖。

郑震辞去工作，和殷乘兴、董光昇依依惜别，他还是很留恋金寨山城的，这里有他的几位挚友，他一生最珍惜友情，在某种意义上胜过亲情。在以后的日子里，他常常怀念这几年的岁月，因为这几年是他一生事业的转折点。

他带着一点极为寒碜的行李，在炎热的夏季踏上了旅途。

战干四团在安徽各地招收的几十个学生，要先到淮北临泉县集中后再转赴西安。郑震和另外两个学员离开金寨，一起向霍邱方向进发。一路上几乎没有什么交通工具，大都只能步行，并且要绕开敌占区城镇。

天气炎热，田野里的热浪，一阵阵袭来，使人窒息，感觉脚底板都烫人。他们三人穿行在比人还高的密密麻麻高粱地里，汗水湿透衣服，都能拧下水来。其中一人熬不住这种连续多少天的行走，离开他们回去了。

郑震和另外一人继续向皖北走去，每天大约行走五六十里路。一个多星期后，他们到达了临泉县一个乡镇。安徽省各地来的共有一百多人，战干四团已派人在那里接待安排，他们停留一个多月后再度踏上旅途。

第一站是河南洛阳，这一群学生要穿过大半个河南省。此时河南许多地方，也已经被日本人侵占，他们不能集体行走，怕被日本人发现，只能仍然零星分散，三四个人一组绕道向洛阳进发。每个人只发给一点干粮和很少的钱，既不能购买食物，也无钱住宿饭店，当时为避开城镇，也无店可住。

到了黄昏，他们每走进一处村庄农舍，就向老百姓请求借宿，当地老百姓很善良，同情这些流亡学生，一般都不会拒绝。老百姓借给他们草席、门板、绳床，有的还给一点面汤稀饭之类，使这一群异乡游子，在乱世颠沛流离中感到一丝温暖。

郑震不记得走了多少天，只知道他们到达洛阳的那天，正是中秋节。"举头望明月，低头思故乡"。这群学生终究年轻，孑然一身，远离故乡，在疲乏、饥饿中难免思亲念友。

洛阳是十三朝古都，有五千多年文明史，郑震在少年时代就向往这个"千年帝都，牡丹花城"，但此时根本没有心思也没有时间逗留，只盼着快点到达西安。

他们坐火车去西安，但铁路运行很不安宁，火车沿着黄河行驶，到了潼关风陵渡附近，北岸已被日寇占领，日本人不时对运行的火车发射炮击，他们只得从车上下来，弯腰疾走，甚至匍匐爬行，以避免伤亡。他们就是在这样的艰难旅程中跋涉，到达目的地西安已经是1942年深秋了。

西安古称长安，北临渭河，南倚秦岭，有着七千多年文明史，是中华文明和中华民族的重要发祥地，丝绸之路起点。

抗日战争时期，日本人没有攻占西安，连潼关也没有进。因为西安毕竟处于中国西北内陆，地理位置相对偏远，不是国民党统治的中心地带，加上国共两党都十分重视陕西黄河防务工作，也使日军无机可乘。这就使西安处于相对安全的环境中。

抵达到战干四团后，郑震被编进军垦总队的一个连队，每天训练，如同士兵一样。每周也上一点课程，内容是三民主义、总理遗教、总裁言行之类政治思想的灌输，根本没有什么垦殖专业内容。几年后，郑震才知道，战干团只是用来争取青年学生，作为一般干部的集训之用。

郑震幼时从古典文学中就对西安的历史和名胜建筑有些了解，现在来到西安，面对着这座千年历史名城，他对于未来还是充满了憧憬。

郑震已经20岁了，仍然怀着当作家的梦想。课余他把所有的空闲时间都用来写作和读书。他每天阅读五六种报纸，阅读一些当时文学刊物上的优秀作品和时代信息。

初到西安的两三个月之内，郑震就在西安多家主要报纸上，如《西京日报》《益世报》《秦风工商日报》《西北文化报》等发表了一些文章，也向战干团学报《战干》投稿，均被采用。这些文章发表后，郑震的名字在西安文学青年中产生了一些影响，使他初步有了立足之地。

《战干》学报的两位编辑，一位叫金江寒，是学报的负责人，另一位是文学编辑，名叫刘方白，都是河南人。郑震由于经常投稿，和他们走得很近。他们对郑震很关怀，引荐他进入西安文艺界，给予鼓励帮助，使郑震能在西安文艺界颇有名气。

金江寒和刘方白是写诗的，也创作一些其他形式的文艺作品，都写得不错。彼此成为好朋友后，经常彻夜谈心聊天。三人虽然都供职和就读在国民党的训练机构，但对时局都有一些共同观点：那就是，当时文艺界已经涌动着一股追求民主的左倾潮流。究其原因，大约一来是现实中国民党日益腐败，另一个原因是自鲁迅以后，当时文学界一些大师们，也大都是高举进步左倾旗帜。受此感染，三个青年文学爱好者很投缘，彼此过从甚密。

这种交往一直持续到郑震离开西北之后，在解放战争期间，彼此才逐渐失去联系。20世纪80年代初期，金江寒偶然打听到郑震下落，来了封信，郑震接到这位老朋友信，喜出望外。看了信后，才知道金、刘二两位老朋友建国后也多次遭受到极左政治运动的波及，历经坎坷。郑震立即复信，力邀金江寒到芜湖一聚。

40年代在报刊上发表作品，都能得到为数不多的稿酬。郑震在受训期间，虽然生活条件很差，但毕竟能够解决温饱问题。因此他便用发表作品所得的大部分稿酬，买些书刊，也向友人借阅书籍。

学然后知不足，他感到自己懂得太少。他知道自身天分不错，但没有受过正规高等教育，文学功底薄弱。从那时起，他就很清醒地认识到，一个人在事业上要想有所成就，仅仅靠天分是不行的，更多的要靠勤奋去拼搏。

安徽师范大学美术学院院长高飞先生在纪念文章中回忆说：

郑震先生有句名言："三分才情，七分刻苦。"的确，任何一门学问，欲至一种境界，都必须刻苦、刻苦、再刻苦，仅仗才情是难以企及的。先生的一生，除了在教学和创作上用力，还耽于读书、著文，总结心得，在他最艰苦的时期，为了版画事业的繁荣与发展，伴随着他的刻刀、油墨和木板，在斗室里写下了《版画的基础知识和技法》一书，其后又有《全国高等师范院校美术专业教材·水彩画》《郑震作品集》《郑震版画作品集》《郑震山水画作品集》《郑震水彩画作品集》等著作问世，另版《郑震文集》，评介、画余漫议、书序、怀人等文字，则是先生一生笔耕不辍的见证。值得一提的是，先生在耄耋之年，依然刻苦于他的创作，不断探寻新形式、新方法，直至他生命的最后一息，他的画案上、墙壁上还有几幅尚待完成、落款的画。

（《丹心育桃李 妙笔绘人生——郑震教授纪念集》，安徽师范大学出版社2014年版，"弁言"第3页）

因此，在西安的这段时间，他拼命地读书。从19世纪俄罗斯的作家群到法国的文学名著，从茅盾和老舍的小说到郭沫若的历史剧，从艾青的诗歌到曹禺的话剧，还有胡风及其七月派的一批新人文章，郑震都一本接一本地认真阅读，并且做了大量的读书笔记，写了很多心得感想，这些都拓宽了郑震的眼界，使他的写作水平大大提高。

战干团里，还有一个话剧团，团里有几位名演员，如戴涯、李次玉等人，演出很有水平。如戴涯在《雷雨》里饰演鲁贵，李次玉在《日出》里饰演李石清，均有出色的演技，在当时当地产生过很大影响。

他们常常在公演时要从学员中抽调一些人去充当跑龙套角色。郑震多次被指派参加。近距离地参加这些名演员演出，让郑震学到演话剧的许多知识，因而多年之后，他能在皖北文艺干校早期演出活动中担任主要演员。

郑震利用课余写作，几个月时间里已经在团里和西安多家报刊上发表过很多作品，同时利用自己的一些美术技能，如用书写仿宋字体为队里办的墙报设计版面，配上一些插图，很快地引起团部注意。七个月后，郑震便提前毕业分配在办公室工作，当绘图统计员。

到了团部，按照规定应该按时上下班，但因为郑震要绘制统计图表，办公室里人多，办公桌也很小，无法画图，便准许他在自己宿舍里安排一张较大的桌案工作。

郑震每天去办公室点一下卯，其余时间都可以自己支配。这样，他利用如此有利条件更多地读书和写作。他常常伏案读到深夜，甚至彻夜不眠，能一口气写出8000多字的读书笔记。

郑震在勤奋写作的同时，一直坚持木刻创作。一次，他在西安一个寄卖行里，看到一副木刻刀具，才知道原来木刻制作是有特殊刀具的。他买回来，看着那些多样的刀锋，形状各异，一时竟不知如何使用。经过一段时间尝试之后，才逐渐学会了刻刀运用的初步技巧，他既惊又喜，从此以后郑震就没有离开过铁笔。

七

在团部工作，郑震的社交圈子逐渐扩展开来。团部办公地点和男女宿舍相距不远，时间一长，认识的人也多了。

郑震客居异乡，在那个动乱年代里，特别思念家乡，怀念父亲。他是安徽人，见到安徽老乡，说上几句乡音，便感到分外亲切，他和战干团里的几位安徽人接触比较多，因此认识了其中一个女孩子。

她叫蔡继贞，1924年生，是安徽巢县人，父亲早年去世，16岁孤身一人闯到西北来。她比郑震早一期毕业于战干四团会计班，毕业后留在团部生产处当会计。

蔡继贞喜爱文学，喜爱读书，在报刊上发表过散文作品，能写得一手漂亮的小楷。共同的爱好使二人有很多共同语言，他们在一起谈中外诗歌，谈茅盾巴金的小说，谈外国的文学作品，彼此渐渐产生了一种好感。

这一年，郑震20岁，蔡继贞18岁。

蔡继贞长得清秀，为人内敛，出身于县城大户人家，受过良好教育，谈吐气质都不错。蔡继贞在认识郑震前不久，曾在感情方面有过创伤，这时郑震突然闯进了她的生活天地，郑震才华横溢，年轻英俊，写得一手好文章，赢得了蔡继贞芳心，搅动了一个少女内心的涟漪。郑震也喜欢她的气质，加上同情怜悯她感情上的遭遇，因此两个年轻人开始恋爱了。

郑震陷入了热恋中，虽然青年时代的初恋，炙热中带有些盲目冲动，但毕竟是美好的，何况两个年轻人都相逢在异乡。

正当热恋时候，生活中发生了一个偶然事件。1942年那年冬天，郑震因事进城，回到单身宿舍时，他的房门被小贼撬开。当时的郑震穷得叮当响，小偷没有偷到什么值钱的东西，便把郑震床上的棉被抱走了。

时值隆冬寒夜，没有被子将怎样度过？郑震发愁了。蔡继贞闻讯之后，从寝室里把她自己的被褥抱来送给郑震，郑震极为感动，二人的感情更近了一步。不久他们结婚了。婚后的生活，宁静而幸福，生活上既没有负担的重压，工作上也没有什么苦恼。

婚后几年，是郑震文学创作的高产期。由于经常投稿，他和西安几份报纸的文艺编辑都很熟悉。谢冰莹当时是西安名噪一时的女作家，她主编大型文艺刊物《黄河》，她经常向郑震约稿，刊登其作品。另一位作家姚雨霞，笔名青苗，在山西、宜川、秋林主编副刊上，也陆续刊载郑震的作品，彼此经常通信。

和这些编辑的交往，扩大了郑震作品在读者尤其是青年中的影响。郑震当时感到，他离当作家的梦想已经近在咫尺了。

人的一生往往会因为某些偶然发生的事件，改变了原有的生活轨迹。由于郑震在青年报上发表作品，便常常到编辑部去和编辑们闲聊。有一天，他们递给郑震一个厚厚的信封，信是写给郑震的。他打开一看，是一位素不相识作者的来信。这个作者误以为郑震是该报编辑，寄来了一篇杂文稿子，题目是"我控诉我自己"。单看这个标题，就已经能够吸引人看下去。郑震匆匆看了一遍，内容是有感于时局腐败黑暗，自己发自内心的呐喊，文笔犀利，虽略感晦涩，但总体流畅可读，郑震便向编辑部推荐，编辑部很快地采用刊载了。由此，郑震和作者开始了通信往来。

作者名字叫吕文载，是山西大学历史系毕业的高才生，在三元县一所中学里教书。在相互通信以及阅读对方的文章中，二人逐渐地增强了友谊。吕文载是作家青苗的山西同乡，也在青苗主编的文艺副刊上经常发表文章。吕文载说，他在青苗主编的文艺副刊上常常读到郑震作品，甚是欣赏，故存有好感。

令郑震始料不及的是，他和吕文载这一段友谊，今后会改变他一生从事的职业。吕文载有一位北大毕业的齐姓朋友，担任陕北宜川县中学的校长。一次，吕文载来信说，他应邀到宜川中学教书，同时向校长推荐了郑震，邀请其也去当教师。郑震接到信很动心，他那时对坐办公室、画统计图表工作，已经厌倦了，而且也很想和吕文载这位朋友在一起工作，虽然通信频繁，但素未谋面。

郑震辞去战干团工作，应宜川中学聘约，在1944年秋天独自一人去了陕北宜川县中，开始了他以后一生的教学生涯。

这段历史，对郑震的人生来说，既有意义，也显得轻率。

对于郑震去陕北宜川教书，妻子不同意，但他还是去了，这为他们后来婚姻的解体撕开了裂缝。深秋季节，蔡继贞产下了大女儿。丈夫不在身边，她独自一人，举目无亲，在艰难中熬过这一段日子。多少年后，蔡继贞在给郑震信中，对此仍然耿耿于怀，满腔幽怨。

八

郑震在宜川中学只待了一个学期，教初中语文和美术两门课程。郑震有自知之明，知道自己语文基础功夫不扎实，因此下功夫阅读古文，勤查辞源，认真备课，弥补不足。

更为重要的是，这一时期对他以后的思想认识，产生了深刻影响。郑震出生于一个没落的封建官宦家庭，虽然十几岁就离家出走，对文学写作和木刻创作是从阅读鲁迅开始，同时也读了不少当时进步作家的作品，具有年轻人所持有的正义感和爱国热情，但郑震思想深处的社会观、人生观终究处于朦胧境界。

吕文载是一个进步青年，学历史的，读过马克思的一些唯物历史观著作。吕文载经常借给郑震一些这类书籍看并和他探讨，这对郑震以后唯物历史观的形成起着启蒙作用。

他在宜中，还认识了一些进步青年，有姚雨霖、兰光和史民。姚雨霖曾经在左翼作家胡风主编的《七月》上发表过小说。郑震和他们相处，丰富了他对于20世纪40年代国内文艺界的见闻，逐渐认识到中国文坛上一大批进步左翼作家们对社会的揭露和批判，引起了他对革命运动的向往。

一次，姚雨霖到山西隰县去，约请驻扎在那里的抗战演戏宣传二队选派两位同志到宜川帮助学校开展进步文艺活动，二队非常支持，派了兰光和史民来。

兰光和史民都是进步的戏剧工作者，富有戏剧修养。史民是一位导演和演员，兰光是著名诗人光未然的妹妹，也是一位出色演员。

抗战演戏宣传二队原来是由郭沫若领导的。在全国有十个战区，每个战区都有一个宣传队。山西属于二战区，因此这个演出队便简称演剧二队。全国的演剧队，集中了相当一部分文艺界精英，其中起主导作用的一般是中共党员或者是左倾文艺家。

二队也是如此，冼星海、光未然、力群、王复图、赵辛生（寻）等，都曾经在这个队里工作过。二队在国共合作期间，曾访问延安。因此史民和兰光两位都见广识多，政治上已经成熟，专业上也具备很高水平。

郑震和史民及兰光共事几个月，和他们一起演出，和他们一起生活，向他们学习，得益很多，也认识了二队的一些艺术家，使他对文艺工作的理解，上到了一个新的台阶。解放后，他们中间许多人都走上了全国文艺界的领导岗位，和郑震仍多年保持联系。

他们在宜川开展一系列文艺活动，演出了根据俄国小说家、戏剧家契诃夫小说改编的话剧《蠢货》，特别是那些进步的左倾戏剧公演，给这座小城带来了一股强劲的春风，反响很强烈。

宣传活动引起了宜川县政当局不安，于是，散布谣言，对二队请来的两位艺术家进行诽谤。史民和兰光两位因为这事也奉命回归二队。

在一个严寒的冬天早晨，郑震踩着冰雪步行三十华里，送史民和兰光到秋林姚雨霖家，挥手之际，郑震很惆怅，不知这一别，能否再重逢？

他们走后，郑震和吕、姚二人辞去教职，各自分手告别。

郑震回到西安，因为妻子仍在战干团，战干团又重新安排了他一份临时性工作。

1945年，时局变化很快。世界反法西斯战争结束了，抗日战争也胜利了。战干团机构撤销后，《西京日报》聘请郑震去做副刊编辑。这时，国内争取民主、反对独裁、要求和平、反对内战的呼声一浪高过一浪。文艺界一些名流都参与其中，这种气氛感染了郑震、青苗、吕文载和一些青年朋友如马长风、孙泰华等人。他们纷纷发表文章，加入争取民主、反对内战的行列，组织了一个骆驼文艺社团，出版《骆驼文艺》刊物，发表进步文章。

在这期间，郑震的木刻创作进入了一个高潮，他先后创作了木刻《高尔基像》《歌德像》《卡达耶夫像》《巴比塞像》《罗曼·罗兰像》等。

1945年初，阎锡山统治的第二战区以亲共为借口，强加一些莫须有罪名，将活跃在山西的剧宣二队一批朋友，其中包括兰光和史民，都关进了监狱。郑震和姚雨霖等人闻讯异常愤怒，立即在《骆驼文艺》发表了兰光和史民狱中来信以及郑震他们的复书。信和复书都洋溢着一腔爱国热情和追求自由、反对专政的正义呼吁，引起广大读者广泛同情声援。迫于压力，当局者只好把兰光她们放出来。

九

就在这一段时间，郑震收到一封家书，信在邮途中延误了四个月之久。信中说，郑震父亲郑道襄已经病逝，家中继母带着两个年幼弟弟，寄居在堂兄家中，希望他尽快回乡。

抗战胜利了，很多人要返回南方。由于交通滞后，旅途艰难，途中情况不明，加上旅费不多，郑震只得让妻子带着女儿暂时留在西安，自己先独自回合肥看看情况，等安顿好再把她们接回去，此时已经是1946年的夏季了。

郑震和一个同事孙泰华一齐动身，到了郑州，孙泰华先回到家中，郑震则独自一人回了合肥。

如果把人的一生，划分为几个阶段，那么郑震从西安回到合肥，便开始了他一生的第二个阶段。这一年，郑震24岁。

故乡，对郑震来说既熟悉又陌生，童年离开这个城市，举家去了皖南，抗战爆发，回到合肥，住了两个月又"跑反"逃难去了肥西，这次从西安返回，时间一晃将近二十年了。

少小离家老大回，郑震站在那座古旧失修的老房子前，感慨万端。想起父亲去世时自己不在身边，终不能尽人子之孝道，不禁悲上心头。他后来又得知两位伯父和姑母也早去世，家中剩下的许多亲朋故旧都不熟悉，因此，自己虽然回家了，但却感到如同置身在一个陌生的异乡一般。

郑道襄去世后，24岁的郑震带着一个年轻后母和两个年幼弟弟，加上自己的妻儿，压在他肩膀上的生活担子实在太重了。当时家中虽然有一点田产也只能勉强栖身。为了支撑这个家庭，郑震必须找一份工作，但是战争刚刚结束，到处满目疮痍，他在合肥又没有熟悉的人际关系，找工作何其难矣。

郑震的故友殷乘兴时在蚌埠《大中国报》报社当总编，知道郑震回来了，托人带信约郑震去编副刊。虽然这是一家销路很少的小报，但郑震为了养家糊口，答应去蚌埠。

郑震匆匆地安排一下家事，把妻子和女儿送到巢县岳母家中寄食，独自来到蚌埠。蚌埠是一个商业气味很浓的城市，《大中国报》每天发行量很可怜，报社的工资，连同郑震的一些稿费，也只能维持他一个人的生活开支。妻女过着寄食娘家的日子，后母和弟弟则靠少量房租地租勉强维持生存。

《大中国报》虽然是小报，但也刊登了一些关于民主和反对内战的进步文章，引起了当局注意。两三个月后，一天早晨，郑震去不远处的开水店里打水，回来走到路口，发现报社门口站着警察，周围还有一些人围观。报社被封，郑震只好又回到合肥。

郑震想念妻儿，来到巢湖岳母家中陪伴她们。他的岳母是一个大家闺秀，早年丧夫，带着两个女儿守持蔡家一点家产。大女儿蔡继贞，许配给郑震，还有一个小女儿蔡继明，待字闺中。岳母很喜欢这个女婿，郑震从小缺少母爱，现在从岳母这里感受到慈爱，所以他很孝顺岳母。有一次，岳母夜里生病，突发高烧，郑震半夜背着岳母跑到十几里外的医院，街坊邻居都说他岳母有个好儿子。

在巢湖赋闲时间里，郑震为排遣内心郁闷，便写一点文章给外地投稿，因为当时合肥几乎没有专发文艺作品的报刊。

此外，郑震又拿起从西安带回来的刻刀，创作了为数不少的小幅黑白版画寄到上海，都被采用选登。

其木刻《秋》《故居》《秋雨》等，先后发表于上海《申报》"春秋"副刊；《回家》《乡村小景》发表在《大公报》《东南日报》上；木刻《村庄》《岸边》《归途》等发表于《时代日报》。这些文学和木刻作品的发表，虽然稿费有限，但在生活窘迫之际也不无小补，更主要的是给郑震创作上很大鼓舞。

乡村（黑白木刻，6.5×8cm，1946年）

农家（黑白木刻，10×14.5cm，1946年）

　　不久郑震的木刻生涯迎来了一个重要事件。他从上海报刊上得知，抗战结束后，有一批进步的木刻家自重庆回到上海，成立了一个"中华全国木刻家协会"，这是一个进步的美术组织，宋庆龄担任该协会名誉主席。

　　在20世纪三四十年代，木刻在画界被视为异类，是不入流的一种艺术形式。由于鲁迅先生倡导，木刻创作才兴起。鲁迅倡导的新兴版画在当时和中华民族的解放事业，与广大人民群众的命运紧密联系起来。因此，这时的版画家是以艺术家和革命战士的双重身份出现在历史舞台上，以艺术作为战斗武器，以描绘人民疾苦、民族危亡为己任，以宣传鼓励抗战爱国为宗旨，表现出强烈的忧患意识与爱国热情。但在当时，由于只有各个地区分散成立的版画团体，没有统一的全国性版画组织，所以鲁迅殷切地期望有一个全国性的版画组织，集中力量，发挥集体作用，更好地推进版画运动的发展，而这种愿望到鲁迅逝世后的1938年才在武汉实现。

　　1938年，武汉成立了"中华全国木刻界抗敌协会"，首先揭起"抗战美术"大旗。后来于1941年皖南事变后，这个组织被国民党非法解散。接着在1942年初，又在重庆成立了"中国木刻研究会"，负责推动全国的木刻活动。到抗战结束后，于1946年在上海，"中国木刻研究会"改名为"中华全国木刻家协会"，并以它的名义举办了空前盛大规模的"抗战八年木刻展览会"，为抗战时期新兴木刻运动画上了圆满的句号。

这样的全国性版画组织，都是在中共南方局文化组领导下开展的。全体版画家都在战争洪炉中经受了磨炼，在思想上、艺术上愈来愈成熟，所以这时期的版画创作，是以题材范围扩大、主题开掘深入、艺术水平提高、民族风格形成几方面的成就构成其基本特色。特别应当指出的是这段时期的美术，没有任何其他门类能像木刻版画那样全面而又真实、生动地反映中国人民在战争年代的生活面貌。

国际友人认为他们是通过木刻版画来了解中国的抗战。美国著名作家赛珍珠主编的中国木刻集，便以《从木刻看中国》命名；美国《生活》杂志在介绍中国木刻的专页中，它的文字说明标题是："木刻帮助中国人民进行战斗！"这是对当时中国新兴木刻版画主题思想与现实意义的确切评价。

中国共产党人也很重视新兴版画的战斗作用。周恩来分别两次与版画家会见，1945年在"重庆九人木刻联展"上会见了联展部分作者王琦、丁正献、汪刃峰、刘岘、王树艺等；在1946年"抗战八年木刻展"上会见了全国木协部分负责人李桦、陈烟桥、王琦、野夫等。周恩来指出：木刻应深入到农村、工厂和部队，要重视连环木刻创作，以便于使木刻艺术更普及流传。

郑震想加入中华全国木刻家协会，他把自己这几年来所创作的木刻作品寄给木协，请他们指导，并且附信询问怎样申请加入木协，所寄的这些习作是否达到了入会条件等。

不久，郑震收到木协充满热情的回复。复信由著名木刻家邵克萍和野夫执笔，充分肯定了他的木刻作品水平，同时寄来表格，欢迎他入会。

山居（黑白木刻，9.5×11cm，1946年）

042

秋雨（黑白木刻，8×6.5cm，1946年）

秋野（黑白木刻，8×6.5cm，1946年）

　　郑震成为中华全国木刻家协会一员，对他以后从事版画至为重要。加入木协后，木协组织曾推荐郑震的《牧马》等作品参加第二届全国木刻展览，以及在中国香港、日本、新加坡等地展览；还汇集了一批作品由宋庆龄亲自携带到苏联展出，其中就有郑震的《牧马》。

　　展出活动给郑震以极大的鼓舞和动力，使他在当时全国木刻界崭露锋芒，有了一定知名度。郑震记得，当时美术家生活比较艰难，木协体谅到这一点，从全国救济总署弄来一些救济物资如奶粉、衣物等给木刻家们以生活上的补助。

十

1946年夏天，郑震再次去蚌埠，这次是应殷乘兴、郑笑枫、李春航等友人之邀，共同创办《长城晚报》。他到了蚌埠后才知道，这份报刊是由中国民主同盟的一些成员组创成立的。中国民主同盟是郑震首次接触的进步党派。这份报纸开办初期，风生水起、有声有色，大受读者欢迎，但由于后援基金短缺，又受到当局统治舆论的压力，报纸只发行一个多月便夭折了。

报纸虽然办不下去，人员也各自星散，但郑震结识了一些朋友，如记者郑笑枫，他后来成为光明日报社的名记者，还有戏剧家李培仁和他的夫人邵剑真，民盟盟员作家李春航和组织者李湘若等，其中有几位和郑震保持了几十年友谊。

郑震又一次失业了，只得再回到合肥老家蛰居赋闲，过了一段相对稳定的生活。他这次回来时，女儿已经一周半，能叫"爸爸"了。夫妻二人都很喜欢这个女儿，初春季节的一个上午，虽然寒意料峭，但夫妻二人却兴致勃勃地带着女儿来到老宅后边一块空地，请人拍下了一张照片。照片上初为人父的郑震怀抱着女儿，满脸喜悦的笑容，妻子蔡继贞则幸福地依在身边，这张照片一直保留在郑震的相册里。

50年后，蔡继贞在这张略微发黄的照片后面题了几行字：

在记忆的平静湖面上，我轻轻地泛舟荡漾，轻轻地。

一九四六年初，在故乡的老宅后园，我们抱着我们的第一个孩子莓儿摄下了这张照片。满脸的笑容流露出内心的喜悦。莓儿穿着我在西安时亲手缝制的连脚棉裤。那时，她已将近一周半了，还不能学步。

五十年了，随着岁月的变迁，我们身后的平瓦房和那古老的街道已不复存在。这张照片却记载着那逝去的青春和爱。

留在脑海中的是永不能磨灭的回忆。

于 1995.2.8 寄征

这张照片仍交莓儿存念。

战后的合肥，满目荒凉，一片颓垣败壁。当时的合肥县城只有土墙、平房和狭窄的街道，仅有一座两层楼房，还是交汇班的基督医院。文化生活，冷冷清清，在版画领域，只有郑震一人搞创作，他感到孑然一身，寂寞无比。

同时，由于长期在外颠沛流离，无暇顾及家庭，郑震的婚姻开始出现了裂痕，郑震很苦闷，情绪颓废，终日沉湎于看武侠小说和打牌等。

1947年初春，郑震收到吕文载来信，说他在太湖白沙中学教书，邀请郑震也去那里。郑震把妻子在巢湖岳母家中安顿好后，去了太湖。

白沙中学创办于1944年秋，这所学校是由当地何姓宗族所兴办的族学，校长是何仲衡，后改名何鹏。何鹏和共产党有着密切关系，是一位进步人士，想为家乡做一些有益事业。

何鹏延聘了一批颇具素养的教师，如向锦江、吕文载等人，其中好几位都是左倾民主人士。由于国民党当局日益反共的政治形势，这些人在大城市里已经处境艰难，而白沙中学位于皖西山区乡村，距小县城太湖县还有四五十里。这样的僻壤环境，又由何仲衡主持学政，因此吸引了一些知识分子来办学。生活待遇虽不优裕，但在精神、志趣和理想追求等方面均有共同点，大家心情比较舒畅，齐心协力，共同办学。

对于安徽太湖白沙中学，"百度文库"是这样记载的：

白沙中学是一所久负盛名的"革命学校"，曾留下革命志士何鹏、向锦江、吕文载、郑震等拓荒者艰苦创业的光辉足迹，记录了新四军、刘邓大军高级将领视察白沙中学的光荣历史。

郑震在那里只待了一个学期，就回到合肥和巢县两地暂住。从1947年到1948年这一年多，时局动荡，社会经济混乱，郑震一直是没有固定工作而东奔西走，日子过得十分艰难。

然而在郑震的性格中，毅力极其坚韧一直为同行所称道，他认准的目标就一直会坚持不懈地走下去。他克制着自己情绪，开始埋头于木刻，挥笔作画，以缓解内心苦闷。

十一

1947年秋冬之交，在郑震心境荒凉之际，他和周芜认识了。

周芜是巢县农村人，十五六岁时因家境赤贫，在黄麓师范读书时受到革命影响，千辛万苦，只身跋涉去了延安，由于艺术禀赋，就读于鲁迅艺术学院，亲聆一批出色的美术教育家教授，如江丰、王朝闻、古元、彦涵等人，因此美术基本功和创作能力都很扎实，毕业后在八路军部队做美术宣传工作。

一次偶然事件中，他不幸被阎锡山部队逮捕关在太原监牢，几个月后以并无确切证据获释出狱，无奈之中返回故乡。周芜回来后无以为生，又跑到合肥寄食于他昔年的一位同学，在他同学主管下的民众教育馆里当了图书报刊管理员，教育馆只提供简单的食宿，没有工资。

郑震在《难忘的岁月——忆周芜先生》一文中回忆道：

> 一位朋友来告诉我，说民众教育馆来了一位会木刻的人，他的不少作品，挂在阅览室的墙上。我听了这个消息，颇为兴奋。因为那几

年间，我正感到在木刻创作上的孤寂，听到有这样一位同行真是分外高兴，便匆匆地赶到民众教育馆的阅览室，见到一位和我同年相仿的青年人，个头不高，戴着一副近视眼镜。他给我的第一印象是平实谦和，甚至是有点拘谨。果然在那里我看到墙上挂着十来幅不大的黑白木刻，内容多是反映北方农村的小景，刀法熟练，黑白处理恰当，富有浓郁的生活气息，使我十分欣赏。

（《郑震文集》，第246页）

郑震来到民众教育馆，在阅览室里，看到一幅标题是"小孩像"的木刻，画中的小孩卷发，宽额，两眼炯炯有神。郑震大为惊喜，脱口而出："这不是伊里奇·列宁的童年像吗？"周芜当时很意外，也很尴尬，因为在当时环境背景下，说伊里奇·列宁的名字，是"赤化"，犯忌讳的。郑震随即意识到这点，连忙把话岔开去，两人会心地笑笑。但就这样一幅肖像，却缩短了原本不认识的两个年轻人的内心距离，并从此建立了几十年的深厚友谊。

郑震看到周芜生活拮据，便要周芜干脆辞去了那份没有报酬的工作，住到他家去安心搞木刻创作。周芜答应了，从1947年冬到1948年在郑震家中住了一年多时间，并且很快地融入郑震所熟悉的朋友圈子里。

郑震则在这期间相继创作了木刻《林妖》《乡镇的早晨》《自刻像》《暴风雨将至》等作品，刀法渐趋熟练，构图上特别注意黑白的处理。

自刻像（黑白木刻，20.5×16cm，1948年）

郑震在《难忘的岁月》一文中深情地回忆了周芜在他家中一年多时间里，他们彼此的交往：

在这一段时间里，他在两个方面对我产生了深远的影响。一个是他的经历，使我对共产党和解放区有着可以感知的了解，从而坚定了我选择人生的道路；另一方面就是在专业方面，我从纯粹自我摸索的境地，开始走向美术技能比较系统的学习，正是他把我这种散碎的自学经验，引导向艺术规律的求索。

（《郑震文集》，第249页）

周芜由于在国民党监狱里的一段经历，尽管他没有违背自己的良心和正义，但是一直很苦闷，在郑震家里常常触时伤感，在月光下用那把拉得并不熟练的提琴，拉着一些哀伤曲子哄着郑震才四岁的女儿，往往拉到两人的眼里都噙着泪水。

在后来的安徽版画史上，人们总是把郑震和周芜作为建国初期安徽版画拓荒者连在一起。两人这次晤见，对郑震来说是意义非凡。

因为当时在合肥，版画这种形式对大众来说几乎完全是陌生的东西，也很难有人赏识。整个合肥县城，几年来只有郑震一人在艰难地蹒跚摸索版画艺术，他感到孤寂，周芜的到来，使他第一次碰到一位共同的爱好者。

周芜住在郑震家中这一段时间里，他们彼此交流、探讨有关版画的知识和技法。郑震记得有一次，周芜用"乱针绣"的新颖刀法，刻了一幅农妇头像。刀法看似杂乱无序，纵横交错，几乎看不出清晰明确的形象。但拓印后远远看去，素描关系、解剖结构都层次分明，郑震颇为欣赏。郑震则从传统美学、文学的角度，和周芜谈到绘画的构图、意境、情趣等，周芜也很欣赏。

在以后几十年中，郑震一直很珍惜和周芜的友谊。在周芜去世二十几年后，郑震于耄耋之年，仍然不能忘情，带病撰文了《难忘的岁月——忆周芜先生》以寄托对这位故人的思念之情。

有趣的是，1947年也是在民众教育馆，郑震在一次画展中和素未谋面的光元鲲先生结下了一段"画缘"。

郑震在《难忘江南虎啸声》一文中叙述了这一段往事：

> 我是先欣赏到光元鲲先生的画，几年之后才认识他的，那是在抗日战争结束之后的1947年间，当时的合肥，虽说是在抗战胜利之后的日子里，却是满目疮痍，一片萧索的景象，文化生活更是贫乏得可怜。地处在一条名为大街的民众教育馆里（其实，那不能叫大街，只是一个破旧的胡同，民众教育馆相当于后来的文化馆），却在很简陋的厅堂里举办一个中国画的展览。在那个时刻，这个展览不啻是荒凉

的文化园地里的一股春风，十分令人瞩目。这是光元鲲先生从外地回归故里和夫人冯儒珍合办的一次画展，至今，时间已经过去六十多年了，展品的具体内容，我已经记忆不清了，但当时给我的印象之深，作品之精湛令我倾倒的心情，却始终难以忘怀。当时，我惊异于画家娴熟的技巧，一幅幅花鸟和虎，生动优美，丰满多变的构图，瑰丽灿然的色彩，干湿互见的用笔，深浅墨色的鲜活，吸引我驻足画前，久久不愿离去，对这两位画家，只有仰慕的心情却无缘识荆。

（《郑震文集》，第224页）

光元鲲先生1905年出生于安徽桐城县书香门第、清寒之家。二十岁即求学沪上，考取新华艺专，师从潘天寿、黄宾虹、张书新、朱屺赡、张善孖等人。30年代即享誉"江南光老虎"的称号。

7年后，即1954年，光元鲲先生在合肥四牌楼省新华书店主持宣传工作，看到郑震一幅题为"毕业了·参加农业生产去"的宣传画，就把这张宣传画放大到两米左右陈列在橱窗里。这幅宣传画曾由上海人民美术出版社出版，大约是因为当时正在号召支援农业的缘故，发行量很大，印了六万份之多，遍及城乡。郑震去合肥开会，偶尔在四牌楼新华书店橱窗里看到自己的画，还有些奇怪。直到三年后，郑震和光元鲲先生在安徽师范大学共事时才知道其中原因，二人谈起彼此这段"画缘"，相视一笑。

十二

1948年，国内形势急转直下，淮海战役自1948年11月6日开始到年底已告尾声，全国性的解放战争正以前所未有的速度推进。

这个时候蔡继贞住在巢湖母亲家中，临盆在即，郑震仍然在外地一所中学教书。1948年农历二月七日，蔡继贞在巢湖生下了一个男孩，小名黑蛋。蔡母照应着女儿蔡继贞的月子，并且请了一位奶妈来带黑蛋。在蔡继贞前后两次生产期间，郑震都不在身边照顾，她感到很委屈，有怨气。

1948年冬天的一个夜晚，郑震和蔡继贞终因感情不和，在郑大房子北边一条小巷里，两人瞒着亲友悄无声息地分手了。分手之后的一段时间里，郑震以为妻子只是一时赌气离开，还会回到老屋里来，有时晚上一听到门外脚步声，就以为是妻子回来了，赶紧抱着女儿去开门，但结果是一次次的失望。

蔡继贞离去时，还丢下了才七八个月的黑蛋在巢湖，黑蛋这时还在奶妈身边。奶妈丈夫是共产党员，国民党抓不到她丈夫，就把她关进监狱。奶妈没办法，只好带着黑蛋一起进了监狱，在狱中托人捎信给郑震，要他把黑蛋接回去。

当时，郑震继母随夫去了台湾，丢下郑世昌、郑世林两个年幼的弟弟在郑震身边，一个3岁，一个8岁，郑震自己的女儿也才4岁，现在突然接到巢湖奶妈的信，一筹莫展，不知如何是好。

在无助的情况下，郑震去找他远房的堂兄堂嫂商量。堂兄叫郑香筠，是一个私塾教师兼账房先生，堂嫂连淑萍是一个家庭妇女，已年近50岁还没有孩子。

郑震和他们说：想把黑蛋送给堂兄堂嫂抚育，如果不行，就只能送到育婴堂。因为，一则他实在没办法同时带着四个孩子生活，二则总不能把自己的弟弟送到育婴堂，要送也只能送自己的儿子。

堂嫂连淑萍说："把黑蛋给我吧，我来抚养，郑家的孩子总不能流落在外。"就这样郑震让巢湖方面把黑蛋带来，交给了堂兄堂嫂。郑香筠给孩子取名永铃，小名百寿，因为郑香筠夫妻二人加起来这时正好100岁。

命运带给郑震的坎坷，竟是如此沉重。26岁的郑震带着两个年幼的弟弟及女儿，是既当爹又当妈，连做饭都成问题。幸而有一个家族的叔辈，是个老年独身者，常住郑震家里。他原是一个失业的厨师，可以帮助解决一家几口人每天三餐的饭食，但照顾孩子亦无能为力。

郑震真的感到了凄惶无助，生活乱糟糟，但日子还要过下去。为了维持一家人生计，郑震去中正中学教书。学校距家很近，可以来回照应，就这样郑震在困境中熬过了这一段时光。

60年后，蔡继贞回忆这段往事，深感内疚，她给郑震写信说：

> 后来我错误地丢下一对儿女离开了你，使你受到极大的伤害。再加上祥凤为了追求她自己的后半生改嫁了，把两个弟弟丢给了你。你平时踢倒油瓶都不扶，突然间带了四个孩子，当时的情景不知你是怎样挺过来的。而今思及感到今生对不住你。
>
> （2010年2月7日蔡继贞给郑震的信）

郑震倒很释然，回信说：

"过去的就过去了，往事已经烟消云散，要说当年，我有责任。"

十三

合肥解放前夕，郑震和他的许多心系国家命运的青年朋友们，如李湘若、李春舫、董光昇、殷乘兴、哈庸凡、周介如、周景韶、彭拜、项有群等，这些年轻人都迫切地追求民主，向往自由。大家都怀着激动的心情憧憬着合肥解放那天，向往一个新世界的到来。

1948年底，郑震和哈庸凡、周芜、殷乘兴、董光昇等人一起加入了中国民主同盟。65年后，合肥晚报记者李云胜，在采访哈庸凡之子哈晓奇的《合肥是如何和平解放的》一篇文章中，忠实地记录了这段历史：

> 他（哈庸凡）和郑震、周芜、殷乘兴、董光昇等人一起在南油坊

巷的一盏煤油灯下，宣誓加入中国民主同盟。宣誓后，特派员李湘若和大家一一握手，小心翼翼地将煤油灯罩取下，把入盟誓词一一烧毁。

（《合肥晚报》2013年3月14日第12版）

正如哈晓奇所说，会议是在郑震家里召开的。当时，民主同盟组织在合肥很活跃，郑震和一些志趣相投的朋友都想为解放事业做一些力所能及的贡献，于是，在南油坊巷郑大房子几间非常不起眼的普通平房，加入了中国民主同盟。

当时风声很紧，他们不敢大意，叫郑震的堂嫂连淑萍在门口望风，一有风吹草动，立即给他们发信号。

大家宣誓后，接着开会讨论迎接解放大军入城事宜，包括如何抵制第八绥靖区政务处上校副处长韩蒙轩出任合肥县长，准备请合肥地方开明绅士龚嘘云出面组织力量，抵制韩蒙轩。龚嘘云是老同盟会员，在当地德高望重，他联络合肥知名人士联名拟就《地方公呈》，最终使民盟会员龚兆庆当上了国民党合肥最后一任县长。后来的事实证明会议这一决定是正确的。

哈晓奇先生回忆说：

当解放军来到了县政府时候，合肥县长龚兆庆等人已恭候多时，他们交出了仓库钥匙，造具清册，光是仓库里的粮食就有600万斤，公用家具1万多件，还有足够装备4个连的武器弹药。

郑震在《难忘的岁月——忆周芜先生》一文中也追述了这段历史：

（我和周芜）积极投身于那时正活跃在合肥的民主同盟的组织，

和董光昇、殷乘兴、李湘若、李春舫等人一起做些工作。如介绍一些大学生到解放区去；利用当时董光昇在国民党县政府任职的条件，保存一些物资；保护一些青壮年未被国民党军队强征为民伕；周芜还刻制了毛泽东、朱德的肖像在街巷里张贴和散发，以迎接合肥的解放……这点活动，现在看来，也许都只能是整个解放事业中微不足道的工作，但那时的周芜和我却都是以严肃认真的人生态度去做的。

（《郑震文集》，第250页）

会议结束后不久，郑震回到肥西中学继续教书，他和学校里的一些教师自发地改变原教材里许多陈旧内容，宣传民主、自由等新思想，以准备适应合肥解放后新的教学环境。

公元1949年1月21日，合肥和平解放了！

合肥的和平解放与李湘若、李春舫、郑震、哈庸凡、周芜、殷乘兴、董光昇等这一批合肥城内的民盟革命青年做了大量工作是分不开的，历史会记住这一页。

对此，新华社就合肥和平解放专门发表电讯："这个榜样，足资各地国民党政府人员效法。"

这一年郑震27岁。

中卷

一

历史画卷翻开了新的一页。

1949年初夏，郑震还在肥西中学继续教书。周芜这时在合肥市宣传部，他通知郑震赶快回城工作。

合肥县城于1949年1月和平解放后，同年2月合肥设市。合肥市宣传部则是设市后不久建立起来的机构，周芜在市宣传部里做临时性工作。因为新政权以及文化机构都刚刚建立，急需一大批工作人员。周芜便向宣传部领导以及皖北行署负责文教处长戴岳推荐郑震，把他的木刻作品在宣传部内部陈列，请一些有关负责人审阅，使他们初步了解郑震的一些美术专业情况，也知道了他在合肥和平解放前夕为革命所做的一些民主进步活动。这样，宣传部部长黎竞平和戴岳要周芜催促郑震尽快回城。

郑震接信后非常兴奋，立即收拾起简单行装，返回合肥到市政府和宣传部报到。解放后合肥市第一任市长是郑抱真，市委书记是李广涛，宣传部部长是黎竞平。

郑震等待了一段时间，组织上找郑震谈话，通知他去参加创办筹建皖北师范学校文艺研究班的工作。皖北师范文艺研究班设在合肥的皖北区党委和皖北行署办公地，是为了适应全国胜利迅速到来的形势，培养皖北地区急需的文艺干部，着手筹备培育从事文化艺术工作的人才，如中学教员、文工团员、群众文艺辅导员等而筹建的。

筹建阶段，因为一切都刚刚开始，还不能开展教学。这时，郑震的朋友戏剧家李培仁、邵剑真夫妇，在市文化馆领导下组织成立了合肥市业余话剧团，邀请郑震业余参加演出。李培仁、邵剑真两位都是抗战时期即开始从事话剧的专业导演和演员，因而很快得到一些中学教师和话剧爱好者支持。

第一次演出是由李培仁导演改编作家柯灵的多幕剧《夜店》，郑震和邵剑真分别饰演剧中男女主角杨七郎、赛观音。经过一段时间紧张排练，9月间开始上演。这部新型话剧的演出，在全城引起了很大轰动，得到了市政府领导和观众的一致好评。

多幕剧《夜店》的演出，被后来安徽省文艺史上称为解放后第一场话剧演出，甚至在几十年来的一些文艺报刊和回忆文章里，都被作为一次极有意义的史料记载所提及。对这一次业余演出，郑震印象非常深刻，还保留了当时的演出剧照，他常常对他的孩子们说，那是青年时代颇值得纪念的一次尝试。此后两三年间，他还多次参加了一些话剧演出。

1949年下半年，皖北师范文艺研究班脱离皖北师范。10月，皖北行署文教处处长戴岳，授意校务长杨杰贤、教员郑震、阚望和文艺研究班主任黄宁筹建皖北文艺干校，以皖北师范文艺研究班招收的一批学员和教师为基础，正式成立皖北文艺干部学校，简称皖北干校。校址在合肥市南油坊巷路东，即今桐城路月潭庵对面。戴岳时任校长，实际工作由黄宁、李敏、焦凤来三位负责，主要教师有郑震、方诗恒、蔡春山、杨耀庭、尹鑑、许仲良、左正纯、阚望等。

郑震60余年的高等美术教育教学生涯自此拉开了序幕。

作为安徽高等美术教育的奠基人之一，他和方诗恒、周芜、王石岑、光元鲲等，一直勤恳不倦地耕耘于这块园地，扶植幼苗、护育新蕾，为国家培养出大批优秀的美术教育人才和艺术创作骨干。

1949年10月15日，皖北文艺干校正式开始了招生、考试和教学工作。学校先在皖北师范学校文艺班里挑选10余名学生，由于生源不足，又公开招收录取了一批有才华和志愿献身文艺工作、具有高中以上文化程度的青年学生，录取新生约60人。专业设美术、音乐和戏剧三个班，学制一年半。

18岁的龚艺岚听说皖北文艺干校美术科招生，主持人是郑震，立刻赶过去，见到郑震说："郑老师，你们规定要高中学历，我只是初中生，行吗？"郑震笑笑："我也只是初中生，没有学历。只要你考试成绩好，就可以录取。"结果，龚艺岚以第一名成绩考取了美术科。同期，有个女孩子名叫王蕴瑜，考取了文艺干校2班音乐科，她后来成为郑震的妻子，并与之相伴终生。

当时，龚艺岚是慕郑震之名而来的。他是原合肥一中学生，一次全市举办中学墙报宣传擂台赛，龚艺岚和几个同学下了一番功夫设计墙报，认为夺魁很有希望。结果一看中正中学的墙报惊呆了，墙报一律用很漂亮的仿宋体，配上一些精美的插图，与之相比，其他学校的墙报设计黯然失色。龚艺岚一打听，有人告诉他，中正中学有个郑震，是个年轻画家，有名气，这次墙报就是他设计的。于是，龚艺岚记住了郑震这个名字。几十年后，八十多岁的龚艺岚在微信中和永铃聊天时还开玩笑说："记得1949年初，刚解放的合肥搞了一次中学墙报比赛，我主编的一中墙报，败给郑老师做指导的中正中学编的墙报，我和震师是在'打擂台'中认识的。"

龚艺岚1951年从美术科毕业后，1954年又考取了浙江美术学院，和著名画家刘文西同班，1958年毕业分配在安徽日报社任美术编辑，后来成为国内很有影响的著名画家。

皖北文艺干校班美术科办学伊始，美术班条件极其简陋，仅有一架小钢琴和一座石膏头像，特别是师资不足，也没有专业的教学经验。郑震和他的同事们硬是凭着一股革命热情，在安徽美术这块荒地上艰苦地开垦着。他们在拓荒中摸索，在试验中前进，为安徽现代版画艺术和后来的"新徽派"版画艺术崛起，为安徽高等美术教育的发展奠定了基础。

回顾安徽现代版画艺术走过的路程，鲍加先生在《华彩诗情，弥久逾馨》文章中说："如果要编写一部美术史，决不能忘却一位重要的开拓者和耕耘者——郑震教授。"

首先，郑震被中国美术家协会称之为"安徽现代版画艺术的开拓者、奠基者之一"，是当之无愧的。

安徽现代版画艺术历程大体上可以分为三个时期。

第一阶段从20世纪40年代中期到1960年，这是安徽现代版画艺术拓荒、萌芽、诞生、成长时期。第二阶段从1960年到80年代末，是繁荣时期，是"新徽派"版画诞生崛起时期，它以1960年"黄山组画"版画创作为标志。第三阶段则从90年代初到新世纪初，安徽现代版画艺术进入了创新、转型发展时期，呈现出多元化。

在第一阶段，安徽现代版画艺术从无到有，从拓荒到诞生，郑震、周芜是这一时期的探索者和拓荒者、奠基者。

萌芽时期的安徽现代版画艺术正处在起步阶段。那时，虽然鲁迅先生倡导的新兴版画运动已经很有影响，但安徽美术界当时还是一片荒凉。在这片荒芜的处女地上，在合肥只有郑震一人筚路蓝缕，艰辛跋涉，默默地在版画木刻艺术领域耕耘探索。

1956年在北京举行的第二届全国版画展，社会上好评如潮。中央对外文委征集了数百件版画作品，每种拓印十五份，送往世界各国展出，以木刻版画作为对外文化交流的重要项目，迎来了新中国成立后版画创作的新的繁荣时期。

这种成绩集中体现在各地方学派的作品上，即以李少言、牛文、丰中铁、朱宣咸、李焕民、徐匡、林军、吴凡等为代表的四川黑白版画，以晁楣、张祯麒、张作良、杜鸿年、郝伯义等为代表的黑龙江北大荒的油印套色版画，以吴俊发、黄丕谟、张新予、朱琴葆、杨明义等为代表的江苏水印版画，以赵延年、赵宗藻、张怀江等为代表的浙江版画，以刘旷、修军、李习勤等为代表的陕西版画，以郑震、周芜、师松龄等为代表的安徽版画，以杨讷维、蔡迪支、王立、林仰铮等为代表的广东版画，以沈柔坚、杨可扬、邵克萍等为代表的上海版画，以一些老版画家和中年版画家莫测、梁栋、宋源文、谭权书、温泉源、廖开明等为代表的北京版画，都以不同的地方特色展示了版画创作的面貌。

下面的一份"郑震年表"忠实地记录了这一段安徽现代版画史。

1945年　创作木刻《高尔基像》《歌德像》《卡达耶夫像》《巴比塞像》《罗曼·罗兰像》等。

1946年　加入中华全国木刻家协会；木刻《牧马》参加第二届全国木刻展览。

1947年　创作木刻《回家》《乡村小景》发表于《大公报》及《东南日报》；木刻《村庄》《岸边》《归途》等发表于《时代日报》；《牧马》等作品参加第二届全国木刻展览，并被选送苏联、日本、中国香港等地展出。

1948年　创作木刻《林妖》《乡镇的早晨》《自刻像》《暴风雨将至》等。

1949年，在合肥与周芜联合举办木刻展。

（《郑震教授纪念集》，第2页）

这是安徽现代版画艺术从拓荒到诞生的重要转折期。

江岸（黑白木刻，11×13cm，1948年）

其次，郑震被中国美术家协会称之为"安徽现代美术教育的开拓者、奠基者之一"，是很客观的定论。

在后来六十多年的高等美术学校的教学生涯中，郑震一生教书育人，成为安徽现代高等美术教育破格提拔的第一个美术教授，在20世纪80年代为安徽拿下了第一个美术硕士教学点。

章飚先生说："郑震先生是安徽美术高等教育的一位拓荒者。从1949年始，一直从事高等院校美术专业的教学工作，勤恳工作数十年，教书育人，为安徽美术事业的发展培养了大批骨干，成为莘莘学子尊敬的导师而倍受爱戴。"

当时的皖北文艺干部学校美术科，聚集了郑震、方诗恒、周芜、陶天月等一批青年美术教师和美术工作者。

晚归（黑白木刻，11×13cm，1948年）

1950年夏天，方诗恒来到了皖北文艺干校。他是拄着拐杖和夫人、孩子一道从芜湖来的。那时他刚刚从医院出来，便满腔热情地走进革命队伍中参加工作。他的到来，给干校美术班带来了一场及时雨。因为方诗恒曾经受过美术专业教育，是徐悲鸿大师的关门弟子，又有一段高等学校美术专业教学经验。他的素描、油画和中国画的画风，正是徐悲鸿学派的继承和延伸。他重视字体原型，强调师造化的写实主义风格。当年他以其学习的勤奋多思，深得悲鸿先生器重。他所擅长的木炭素描，特别是人物肖像写生，造型严谨准确，光影层次丰富，尤其注重外轮廓的用线，具有民族传统的丰神。

郑震和方诗恒先生20世纪50年代期间曾经比邻而居，两家来往密切，常常在一起闲聊，什么画坛掌故、学画体会、技法探讨等都是话题，在接触中，郑震向方诗恒学习了许多有益的知识和技巧。

郑震一生十分重视朋友情谊，他坦诚、热情、耿直，在和朋友交往中，善于向朋友学习，从而不断地充实自己。因为漫长的自学之路使他深深体会到，那种志同道合的朋友比起仅有血缘关系的亲属更能够影响人的一生。郑震常常说："朋友这两个字，在我的一生当中，是值得我尊敬和骄傲的名词。"

郑震的另一个挚友是安徽著名美术家陶天月先生，他们彼此至交六十多年。陶天月先生回忆，1949年，18岁的他来到皖北文艺干校在戏剧班搞舞台美编和设计。那时条件简陋，说是舞台设计，就是每到一处，往往只是找一块空地，四周插上两三根树枝，就算舞台了。

陶天月和郑震的认识，对他后来一生从事美术创作起了很重要的影响。他在干校期间，受郑震和周芜熏陶，开始走上版画创作道路。他后来在60年代创作了数十幅版画并参展、获奖，部分作品被中国美术馆等收藏，获得中国版画家协会授予的"鲁迅版画"奖，同时在国画、书法领域也有极高造诣，享誉国内外，为安徽现代版画艺术开拓、发展做出了极为重要的贡献。

郑震去世后，已经86岁高龄的陶天月依然深深怀念这位故友。2015年7月10日下午，陶天月在其住处"冷香居"接待了郑永钤以及郑震的学生张宜银等人。在谈话中，陶天月深情地回忆起他和郑震交往的岁月，一再叮嘱永钤："第一，我搞木刻，是受了你父亲和周芜的影响。那时，我不到20岁，哪懂什么木刻？跟你父亲学木刻。他热情地教我，后来我每创作一幅作品，都请他指正，他认为我很有美术才气，给予鼓励帮助。第二，我和你父亲在60多年中私交甚笃，感情深厚。记得他每次回到合肥，我就陪着他在合肥大街小巷转，寻找旧日的合肥特色小吃。一次，他来到合肥，我陪他去三孝口的女人街边上，专门去找特色小吃。"

说到这里，他拿起自己刚刚出版的《天月书画》，翻开郑震为他作的序《艺术创作与做人风格》，要永钤夫人张国洁把序一句一句读给他听。在缓缓的读书声中，老人听得是那么专注，动情，当时的场景极为感人。

郑震在为陶天月画册作的《艺术创作与做人风格》序中，饱含深情地叙述了他们彼此的交往：

天月和我，在从事艺术活动的经历方面，有很多的相似之处。他和我都是自学出身。在这条艰难的学习道路上，都需要一种能够长期坚持下去的韧性。其中，也难免走一些摸索的弯路。但由于即使是一得之见，也都是来自个人的实践，因而也是较为坚实的积累。60年代之初，天月和我同在黄山，有一段愉快的共同创作过程。在赖少其同志的指引下，创作了一批后来被称为新徽派版画的作品，产生了较好的影响。由于赖公的深厚学养和创作经验，使我们懂得了艺术规律，学到了许多技法，提高了我们的艺术素养，使我们更加理解扎根生活土壤，重视速写素材，尊崇传统，探求民族风格的治学方法。他和我在这一段创作过程受益良多，也就有了共同的艺术语言。今日回顾起来，仍然令人神往。我的这篇短文，正是以此种相似的艺术语言，谈出我对他的艺术感受也聊以充作他画集的序言。

郑震（右二）在省美协和师松龄、陶天月、丁少中看画稿（1960 年）

二

皖北文艺干校坚持贯彻理论联系实际的教学方针，坚持教学与艺术实践相结合，并且具有培养紧缺人才的预见，上下合力，以一种崭新的教育方式和师生关系来办学，学校里呈现出一派生机蓬勃的气氛。学习期间，经常以戏剧演出来检查教学成果，修订教学计划，干校一度成为皖北地区的新型文艺团体。

干校文艺班下设美术和音乐两科，为配合思想改造、农村工作和抗美援朝，公演了话剧《思想问题》《不为美帝当走狗》《草木皆兵》、中小型歌剧《新条件》《秦洛正》《夫妻识字》《兄妹开荒》。演出人手不够，学校把郑震这个曾经演出过话剧的美术教员，也拉去当作演员使用。

从1950年到1951年，两年中郑震演过《棠棣之花》里的角色，在《大渡河》里出演主角石达开，以及一些小型的剧目，有些剧照至今仍然留存在郑震的家庭相册里，作为他票友式艺术人生的见证和纪念。同时，郑震在1950年创作了《高尔基像》《大家商量度荒办法》《皖北区武装保卫秋收》等木刻发表于《皖北日报》《皖北画刊》；他还被《华东画报》社聘为绘画通讯员。1951年创作年画作品一幅，由安徽人民出版社出版；创作木刻《润河集水闸》。

因为业余演出话剧，还留下一桩趣事。由于郑震在合肥戏剧界早期活动里产生过一点影响，以至当时刚刚建立起来的话剧团负责人，曾经几次上门动员郑震去从事演员工作。郑震考虑到自己的条件作为演员来说有局限性，更主要的是，郑震在美术创作上已经有了基础，对美术特别是木刻创作情有独钟，最终婉言谢绝了。

师生还走出校门，参加轰轰烈烈的农村土地改革，午季征收和反匪反霸等斗争。因此，学校办学条件虽然极其简陋，但却办得风生水起，颇有影响。

学校于1951年上半年招收第二期学生，1952年8月招收第三期学生，刚招收完，因皖北、皖南两个行署合并组建为安徽省政府，文艺干校也并入设在芜湖的安徽师范学院艺术科，正式成组建两年制的专科，原有的一、二、三班毕业同学都分配到各个文艺团体。

安徽师范学院艺术科从原来干校的学生里选拔了十几名，经过测试，成为安徽师范学院艺术专科学生。自此办学开始逐步走上正轨。安徽师范学院属于师范类，摆脱了干部学校的教学和政治实践相结合的方式，培养的目标是音乐、美术师资。皖北艺术干校的戏剧专业随之撤销，有关的专业人才分配到省市的戏剧团体，后来其中大多数人都成为这些部门的骨干。

郑震后来在给友人信中，对皖北文艺干校这段历史做了总结：

> 以我个人的亲身体会和理解，文艺干校总共只有两年光景，是具有培育专业人才的目标，但却带有干部培训的特点。在专业课程设置上，既有按部就班的教学进程，又强调配合政治任务的活动。两年的时间里，除了上课之外，师生都投入当时的镇压反革命，正规上课和政治运动相互之间既联系又各自工作。青年师生背上背包去凤阳的"午征"，即麦收时的征粮以支援前线；在寒冬季节，转往亳州农村；在烈日之下深入凤阳去协助午收征粮以及在亳县的土地改革等。政治运动在校内也展开了，每个人交代自己的家庭状况和个人经历。如今我回忆起那两三年的情况，颇有令人怀念的亲切感。这是由于解放初期，从解放区带来的干部艰苦朴素的工作和生活作风，人与人之间具有新颖的坦诚风气，即使置身在政治运动之中，也能感受到亲切，人际之间真诚互助之风。遗憾的是这段令人难以忘怀的年限太短促了，两三年之后的政策改变，使得一切都令人难以理喻了。

三

1952年春，郑震举家来到位于芜湖的安徽师范学院，他在艺术科担任美术、文艺理论教员。安徽师范学院是安徽省建校最早的高等学府，与民国时期著名的国立安徽大学一脉相承，学校前身是1928年创建于安庆的省立安徽大学。1946年更名为国立安徽大学，后迁至芜湖，历经皖南大学、安徽师范学院等名称，最终定名为安徽师范大学。今安徽师范大学校园是中国十大最美丽的大学校园之一。

郑震一家住在芜湖狮子山上一栋小楼里。小楼掩映在绿树丛中，典雅精致，风景很美。因离长江不远，郑震经常来到江边望着滚滚的江水，想起了15年前，他随父亲郑道襄举家从休宁迁来芜湖，就在这山上广益中学里读书的情景。那时他只是一个15岁的少年，如今已是而立之年。这期间，父亲去世了，继母改嫁了，4岁的儿子留在合肥，他孤身一人带着7岁的长女莓儿和两个年幼的弟弟，一时感触很多。

郑震匆匆安顿好家后，很快便投入到艺术科繁忙的教学工作中。为了适应高等美术教育的教学，他在教学之余，大量阅读美术和文艺理论著作，摸索研究高等院校的美术教育教学途径。

郑震由于是自学成才，因此他的初期课堂教学大多是从自己实践中得来的体会，学生形容他的课堂教学语言幽默风趣、生动传神。他讲课虽脱稿而讲，但逻辑之严谨、思维之缜密，倾倒了众多学子。

针对当时学生刚刚迈入校门、处在学习绘画起始阶段的情况，郑震在课堂上不厌其烦地要求学生，学画的基本功在起步时就应该给予足够的重视。基本功是否练得比较扎实，将会影响到以后专业发展的成效。所谓基本功应该包含很丰富的内涵，但对于初学者来说，着重的是掌握工具达到熟练操作，准确画出形体的能力。这需要一个较长时间反复练习的过程。这个过程常常是单调的甚至是枯燥的，但必须用坚韧的耐心去做，才能达到得心应手的程度。

一次课余时间，他和学生闲聊，学生请他谈谈自学的体会。他说：

所谓自学，就是说是在没有老师的直接教诲和督促下自己学习某一学科和某种技艺，但并不能将这种自学称之为无师自通，只不过是说没有老师的固定教授。自学者仍然是私淑某些古往今来的画家，从他们的作品里，从前人的著作中学习技巧和知识。任何成材，都必然是在前人的基础上才能学有所成的。

自学，因为没有老师的督促，没有制度纪律的约束，因而特别需要一种坚韧的，长期不懈的毅力，一种痴迷钻研的学习态度。那种兴趣来时夜以继日，兴味索然时三天打鱼两天晒网，不去问津的做法，是很难奏效的。古人说：学有所成在于固志。就是指的这种自律性的坚持。人的学习有一种本能的惰性，如果不能战胜自己，则必将一事无成。

（《郑震文集》，第132—133页）

郑震指出，应该承认学画的人存在着禀赋的差异。天赋高的人，有敏锐的领会能力，有举一反三的悟性，因而可以用相对较少的时间取得较好的成绩，别人花三年时间的效果，他也许只要一年就可能达到相同的水平。但具有较高天赋的人毕竟只是少数，大部分人的差别不大，取得最终的成就也并非仅仅取决于天赋，而是看他所付出的劳动的多少，学习方法的正确与否，以及其他客观条件和社会因素等等。过分强调天赋条件，未必正确。因此，在艺术科的学生中流传着郑震一句名言："三分才情，七分刻苦。"

这一年，他创作了木刻《太白楼》，发表于《工农兵画报》。

同年，音乐班的一个20岁女孩子闯入了郑震视线。她叫王蕴瑜，1932年生，安徽舒城人，其母知书达理，很有教养，出身于大户人家。王蕴瑜自小受到家中良好的道德规范熏陶。她聪明美丽，开朗善良，喜欢唱歌跳舞，从小学到高中，成绩优秀，同时也是一名活跃的进步文艺青年。王蕴瑜是从皖北文艺干校音乐班转入安徽师范学院艺术科的，成为解放后安徽省第一批音乐本科大学生。

王蕴瑜很钦慕郑震的才华，郑震也很喜欢她。两人相爱，在1952年

11月7日，二人结婚了，从此二人相濡以沫，风风雨雨中走过了半个世纪。

王蕴瑜从安徽师范学院艺术科音乐班毕业后，分配在芜湖四中任音乐老师，和郑震的恩师黄敬凯同在一所学校。

婚后的王蕴瑜，一方面在四中教书，一方面要照应郑震8岁的莓儿和两个弟弟，当时三个孩子都分别在小学读书。郑震自己则忙于学校工作，还要从事木刻创作。因此，家庭的重担全部落在王蕴瑜肩上。一个成功的男人背后，总有个理解他的女人。郑震后来能创作出大量具有深刻思想和艺术魅力的版画、水彩画和中国画作品，和他的妻子操心沥血、风雨相携是分不开的。由于妻子的支持，郑震可以全身心地投入到教学和创作中去。在这一年中，他除了创作两幅木刻《农村图片阅览站》《别闹，妈妈在学习》，发表于《连环画报》外，还创作了20余幅连环画发表在《光明日报》上，影响很大。

1953年，是新中国建立后重要的一年。这一年《朝鲜停战协定》签署，国内第一个五年计划开始，中国共产党制定过渡时期总路线：要在一个相当长的时期内，逐步实现国家的社会主义工业化，并逐步实现国家对农业、对手工业和对资本主义工商业的社会主义改造。经济上，工作重心转到经济建设上来，制定各种措施稳定经济，要建立以重工业为主的工业体系；对内展开三反五反等运动。

时代的风暴无疑点燃了郑震的美术创作激情，这从他1954年的大量作品中可以感受到。他的木刻《扩建中的工厂》参加了第二届全国美展，作品反映了第一个五年计划中关于逐步实现国家社会主义工业化的题材，后来被《新观察》杂志看中，转载发表在1955年第9期上。

扩建中的工厂（木刻，21.5×37.5cm，1954年）

另一幅木刻《去田间》由上海新艺术出版社出版，水彩画《挖泥船》参加全国水彩画展，木刻《秋江》《探宝山》发表于《安徽文艺》，木刻《控诉蒋匪暴行》参加华东举办的"一定要解放台湾"展览。

这里，特别要提到的是他在1954年创作的宣传画《毕业了，参加农业生产去》。这幅宣传画由上海人民美术出版社出版，郑震在怀念光元鲲先生的《难忘江南虎啸声》一文中有如下记载：

> 大约是当时正在号召支援农业的缘故，这幅宣传画发行量很大，印了六万份之多，遍及城乡。那年，我因去合肥开会，偶在四牌楼的新华书店橱窗里，看到陈列着我的这幅宣传画并且放大到两米左右，后来才知道，当时光元鲲先生正在省新华书店工作，是他主持宣传工作采用了我的这幅作品装饰橱窗的。
>
> （《郑震文集》，第225页）

从以上记载中我们可以了解到，这幅画当时印了六万份之多，遍及城乡，可见当时的轰动效应。光元鲲也是从这画中认识了郑震，所以后来到1957年光先生调到安徽师范大学和郑震共事，同执教鞭，风雨与共达数十年之久。

郑震喜欢交友，以善于发现人才、提携人才为人称道，和朋友相处则真诚以待，肝胆相照。

1954年，他在一个画展上看见了一幅油画《汛》。这是一幅表现水库的油画，画面虽然不能誉之为成熟，但画面上流露出一股不可抑制的生机和闪烁的才华，当即深深吸引了郑震。当郑震得知这是出自21岁青年人之手的画作，欣喜不已。多年后他在《鲍加画集·序言》中说：

> 一位具有灵秀气质的青年画家，以其出众的风华，走进美术队伍的行列中来了。过了不久，我的这个最初的预感就被证实了。他发表了一幅表现古都新貌的油画速写，刊出之后立即引起了广泛的赞赏，继之而来是他极为勤奋地创作的一系列作品，直到他的那张代表作《淮海大捷》问世之时，他已经成为一位喜爱表现磅礴气势革命历史题材、才思敏捷、技巧熟练并善于抒情的画家活跃在画坛之上。
>
> （《郑震文集》，第180页）

鲍加，安徽歙县人。大概是徽州山水的灵秀之气，古村巷间的淳朴民风，孕育了少年鲍加的灵感。为实现绘画理想，16岁的他毅然离开家乡，加入芜湖文工团，由学画宣传画、漫画和舞台艺术设计起，开始了最初的艺术实践。

34年后，鲍加成为安徽省美术家协会主席。他的代表作《淮海大捷》至今仍然悬挂在中国革命博物馆内并长期陈列，列入中国百年油画经典大展作品。另一幅代表作《在共青团第九次代表大会上》，更是以新颖的构思、恢宏的场面，当时在全国引起巨大轰动。

鲍加小郑震11岁，二人知交60年，鲍加在《华彩诗情，弥久逾馨》

一文中回忆道："我是在上世纪五十年代与他相识的，距今已半个多世纪。岁月的侵蚀和磨难始终难以改变我对他最初的印象：坦诚、热情、耿直和那清癯面容、睿智的学者形象。"

在2013年得知郑震去世消息后，他深为悲痛。80岁的他尽管在医院里动过手术，才从医院回家不久，仍然从合肥赶到芜湖送老友最后一程。郑震的长子永铃见到鲍加说："鲍老，您的身体还没有完全恢复，怎么也来了？"鲍加含泪说："我能不来吗？"其情感人至深也。

1954年8月，王蕴瑜生下一个男孩。夫妇二人很高兴，给孩子取名郑洪。为了照顾王蕴瑜和刚刚出生的洪儿，郑震岳母从老家舒城来到芜湖，不久王蕴瑜妹妹王蕴琳、弟弟王兴宇也来到芜湖上学。一家9个人挤在一起，郑震的生活负担一时间显得很重。

四

次年8月份，洪儿刚刚一岁，郑震还没来得及给孩子庆祝一周岁的生日，就无端被卷入了"共和国第一冤案——胡风反革命集团"事件中。

事情源于1952年文艺界整风，有人要求对胡风的文艺思想展开批评。6月8日，《人民日报》转载了胡风派主要成员舒芜在《长江日报》上的检讨文章《从头学习〈在延安文艺座谈会上的讲话〉》。编者在按语中指出，胡风的文艺思想"是一种实质上属于资产阶级、小资产阶级的个人主义的文艺思想"。对此，胡风表示异议，并写信给周恩来，要求对其文艺思想进行讨论。

1953年初，《文艺报》陆续发表了林默涵、何其芳等批评胡风文艺思想的文章，《人民日报》同时做了转载。胡风不服，1954年7月，向中共中央政治局递交了一份30万字的关于几年来文艺实践情况的报告，对批评进行了反驳。

1955年1月20日，中共中央宣传部向中共中央提出开展批判胡风思想的报告。《报告》请求对胡风的思想"展开讨论和批判"，并对胡风小集团中"可能隐藏的坏分子""加以注意和考查"。

5月13日，《人民日报》以《关于胡风反党集团的一些材料》为题，公布了舒芜辑录的胡风在解放前写给他的信以及胡风的《我的自我批判》中的部分资料，并加上编者按语指出："从舒芜文章所揭露的材料，读者可以看出，胡风和他领导的反党反人民的文艺集团是怎样老早就敌对、仇视和痛恨中国共产党和非党的进步作家。"于是，胡风等人被打成了"反党集团"。6月开始，全国立即掀起了声讨"胡风反党集团"的运动。运动使2100余人受到牵连，其中92人被捕，62人被隔离审查，73人被停职反省。胡风本人于1965年被判处有期徒刑，1969年又加判为无期徒刑，一起重大冤假错案就此形成。

郑震与胡风集团的骨干分子曾卓是文友，关系密切，时有书信往来，曾卓当时在武汉，曾一度想调郑震到武汉工作。

声讨"胡风反党集团"的风暴刮到了芜湖。一次，在芜湖市召开的批判胡风座谈会上，郑震作了长篇发言，虽然表态要批判胡风，但他在发言中却大谈自己解放前如何爱读胡风、路翎等人的诗文，一直把胡风视为进步的、革命的文艺家，并保存着胡风主编的《七月》《希望》全套杂志。

郑震的发言在会上引起了一些人的不满，他们说这不是批判，是在美化胡风，于是回到学校后，郑震就被隔离审查了。

在隔离审查期间，外面的批判胡风运动一天比一天升级，同时从1955年7月起，全国又开展了一场声势浩大的肃清内部反革命分子的运动，简称"肃反运动"。这场运动涉及面很广，被清洗人员众多，持续时间也很长。但这些情况，被隔离审查的郑震一无所知。

过了两个月了，忽然有一天，来了两个自称是省公安厅的公安人员，对郑震施加压力："叫你交代你不交代，写来写去就那么几句话。你这样的态度，我们就不客气了，我们准备给你换个地方，你到公安厅去吧。"

郑震说"好!""你知道公安厅是什么地方吗?"郑震点头说知道。

两人也很客气地说："我们不是逮捕你，只是请你配合我们到省里调查有关情况，到公安厅不是去坐牢，公安厅有招待所。"

实际上郑震到了合肥，就被关进了省公安厅隔离审查室。公安厅里面有个地方呈 U 字形，一间间小平房，大约有二三十间。一个房间关一两个人。当兵的就站在门口看守，谁要上厕所干什么等，都要打报告，然后看守派人跟着。

一开始，有专人天天送来纸笔，要他交代和曾卓的关系与交往情况，以及与胡风集团有没有联系等。后来，一连几个月也没有人来审讯他，每天就是学习。郑震想看看书，就找看守帮忙："对面是你们机关图书室，我想借点书看看，行不行?"看守说："可以，你开个条子，叫他们给你拿。"郑震就开了个条子。他利用这个机会，通读了《中国通史》。读了以后，他感觉到历史上冤狱太多，自己这个恐怕就属于冤狱之类的吧。

郑震随身带了个小本子，这时就在本子上靠回忆写些曾经画过的水彩画、版画的一些制作过程，每个字都用仿宋字写，当兵的也不问他写些什么东西。

不久，郑震凭直觉感到外面的风声一天比一天紧，他看到经常晚上押进来一些人，有时又把一些人搞走了，进出的人有的甚至还有戴上手铐的，里面规定两个人在一间房子里不准谈案情。

由于郑震一直没有交代什么问题，公安厅负责审查他的人再度给他施加压力，说："你这样不交待不行，现在我们来通知你，你的工资停掉了，就是说你老婆孩子没饭吃了。"

郑震后来才知道，就在那一段时间里，王蕴瑜和郑震岳母带着六个孩子，住在芜湖四中，日子过得相当艰苦，甚至有时去四中校园墙外生产队的菜地里捡些人家不要的菜叶回来腌制当咸菜吃。面对这种压力，郑震仍然坚持说，他与胡风素未谋面，年轻时只是喜欢胡风诗文，仅仅一个读者而已。他和曾卓也只限于朋友关系，实在不知道他们的反党集团活动情况。好在公安厅的同志对他也很客气，从来没有威逼他，但还是一直拖着审查。

一天，陶天月突然来到公安厅看望郑震。郑震说："你怎么来了？"天月笑笑："我来看看你。"谈了一会，天月看看门卫走远了，悄悄说："你没事，不要乱交代。胡风在北京，你够不着，你只是崇拜胡风而已，不要不是自己的事情揽到自己头上。"郑震会意地点点头："好。"

当时郑震身陷困境，一般人唯恐躲避不及，天月的探望，令郑震很感动。60年后，郑震在给天月的画册写序时，一开始就深情地说：

> 天月和我自上个世纪五十年代的相识、相知而成为挚友，岁月匆匆已经六十余年了。在这段漫长的人生道路上，世事沧桑，波澜起伏，人与人的相处，也经历了历史的检验。那几十年中，既有晴天丽日也有风雨交加，既有坦诚之交也有虚伪陷阱，既有相濡以沫的真情，也有淡漠如冰的冷酷……如今，当我们都已进入老年时分，回顾往昔，就感到彼此之间的友谊，没有受到那段历史所造成的人际关系的污染，因而愈加值得珍视了。
>
> （郑震《艺术创作与做人风格》）

郑震被带走后，芜湖狮子山上小楼是不让住了。王蕴瑜带着一大家子被迫搬离狮子山院校，住到凤凰山上芜湖四中。四中里那破旧学校礼堂长廊形的后台就成了他们的家。

此时王蕴瑜在学校除了担任音乐教师外，还兼班主任，工作繁忙，收入却不多。一家七口人的生活开支仅靠王蕴瑜一人工资维持，日子过得相当艰苦。

在郑莓记忆里，印象最深的是，他们家与校园一墙之隔有个蔬菜生产队，外婆常领着他们几个小孩去捡菜叶回来做菜。面对当时艰难的困境，王蕴瑜很坚强，她生性乐观，她相信丈夫不会是反党分子，一定会回来。她带着学生们在学校礼堂里排演节目。一次排演锡剧《双推磨》，学生们表演得有声有色，连刚会走路的弟弟也拿着棒槌当桨划船，逗得大家哈哈大笑。

转眼到了年关，大雪纷飞，家家都在备办年货。郑震此时还在省公安厅里被隔离审查，他虽然惦念家中，却也无可奈何。寒冬已经来临，王蕴瑜思念丈夫，眼看丈夫春节是回不来了，便匆匆赶到合肥，给郑震送些棉衣和生活用品。王蕴瑜见到丈夫，看到郑震明显消瘦了，但精神状态还不错。郑震安慰妻子说："不要紧，过一段时间我就会回去！"

此时，郑震原来工作过的皖北文艺干校校长戴岳任安徽省委文教部副部长，他知道了郑震在合肥因为胡风问题被审查的情况，找到省公安厅说，我了解郑震，他是一个民主进步人士，对合肥的和平解放是有贡献的。这样，又经过内查外调一系列程序之后，一天省教育厅厅长找郑震谈话，说："啊！郑震同志请坐，请坐。"

郑震知道自己大概没事了，厅长接着说："郑震同志，对不起啊，我们本来是搞审干，应该说是和风细雨，因为你牵涉问题比较多，所以我们当时搞了个急风暴雨，对不起，现在你的历史问题全部搞清楚了，你所到过的地方，我们都派人查过，西安、延安都派人去查过，回来的材料证明你没有问题，不但没有问题，你在民主革命时期，对革命还有贡献，好了，现在你们学校派人来了，要请你回去。"

1956年3月，郑震被释放，重新回到位于芜湖的安徽师范学院继续教书。

对于这一段经历，安徽师范大学中文系陈育德教授曾撰文回忆：

郑震先生早年从事过文艺创作，又是版画家，我于1954年进入安徽师范学院中文系学习，不久即知其名。1955年，在芜湖市召开的批判胡风座谈会上，得以谋面相识。……他不久就被从学校带走，关进省公安厅隔离审查，时间长达七个月之久，才放了出来，个中滋味可想而知。可是，他对此不幸遭遇，既没有怨天尤人的愤愤不平，也没有反思"祸从口出"的教训，不仅未由此背上思想包袱，反而觉得自己历史清白，可以轻装前进了。他回到学校后，仍然一如既往、专心致志地教他的书、画他的画。

（《郑震教授纪念集》，第171页）

郑震对自己的不幸遭遇，虽然没有怨天尤人，但对他的挚友董光昪的遭遇却寄予了深深的同情和不平。也是在1955年，董光昪因历史问题被关进了监狱。郑震在《半生坎坷一世友情》中苦涩地回忆道：

汀桥兄即遭遇了非人的噩运，我也以胡风问题开始了风风雨雨的折腾到了难以自保的处境，对汀桥的情况亦知之甚少。那年头，对各人所遭受到的经过，都是讳莫如深，我只是从风言风语中听说他以"历史反革命"和"右派"的双重罪名被抓起来了。我很难理解这一切，因为他的历史情况就是一直在合肥本地生活和工作，并不难调查清楚，而且他在解放初期所做的一切，证物证人都近在咫尺，为什么会视而不见？对他强加莫须有的罪名投入监牢，强迫劳动，非人待遇，九死一生。后来我才了解汀桥是和那个年代一大批极有才情，热情报效祖国的几十万"右派"一样，平白无故地被诬陷了几十年，即使后来勉强活下来的，也失去了人生最可宝贵的年华。

（《郑震文集》，第237—238页）

在郑震被隔离审查期间，王石岑调入了安徽师范学院艺术科。王石岑（1914.9—1996.8），原名王忠信，安徽合肥人，幼年家境清寒，少年时代师从合肥名家陈莆塘学画，40年代流落四川，师从艺术大师黄君璧学画。作品多以黄山及长江三峡为题材，歌颂大自然的秀美和河山的壮丽，具有坚实的传统功力，浓厚的生活气息，鲜明的时代风貌。笔墨酣畅淋漓、苍劲厚重、郁邃空灵、气韵浑弘，形成王氏秀雅、奇峭的风格。

1953年，王石岑创作了一幅《黄山》的中国画，入选全国美展，其精湛的功力、笔墨和章法引起了美术界的赞扬。郑震看到后深为赞叹，随即亲自登门拜访，王石岑长郑震8岁。二人初次相识，从此结下了半个多世纪的深厚友谊。郑震在《诚朴的人　精湛的画》一文中深情地说：

> 后数年，他调到安徽师范学院艺术科任教，和我共事几十年，朝夕相处，从相识到相知，建立了难忘的友谊。尤其是在七十年代后期，彼此都经历了那场丑恶惨痛的政治风暴，就分外感到真诚友情的可贵。

（《郑震文集》，第203页）

同年，周芜从合肥调入安徽师范学院艺术科任教。老友的到来，使郑震非常高兴，因为在当时安徽高等美术教育领域，版画教学方面仅有郑震一人，现在他和周芜在艺术科里共同从事版画艺术种子的播种工作。虽然那时在艺术科教学上，还没有正式开设版画课程，但由于郑震和周芜在安徽美术界的影响，经过两位木刻艺术家共同努力，言传身教，终于培育了安徽第一代版画工作者，像易振生、许德华等，后来都是安徽版画界的中坚力量，从而为安徽版画事业的蓬勃发展打下了良好基础。

著名的工笔花鸟画家申茂之也在1956年从外省调到安徽师范学院艺术科。申茂之（1904—1976），又名申柏馨、申柏厂、申拓，1928年毕业于北京艺术专科学校。解放后，先后任教于华东大学艺术系、山东大学艺术系、华东艺专美术系、安徽师范学院艺术科、安徽师范大学艺术系。为美协安徽分会会员，擅长工笔花鸟及草虫，对中国绘画史论、书法亦有研究。

一次郑震看到申茂之的画上有一方印章，文为"尺木乡人"，知道他就是芜湖人。申茂之比郑震年长18岁，来到艺术科时正是五十多岁，是一个画家的成熟期，他主要教授工笔花鸟画和书法课。

郑震在《苦涩的忆念》中对申茂之的代表画作《凌霄孔雀》是这样评价的：

给我印象最深是在1959年间，他为庆祝建国十周年所创作的大幅绢本工笔花鸟画，篇幅约在六尺左右，画中是盛开的枝繁叶茂的凌霄花，枝蔓扶苏，错落有致，两只白色的孔雀，栖息于枝间石上，顾盼多姿，极为生动，朱红色的花朵，墨色树叶衬着孔雀白色的羽毛，间以泥金勾线并涂饰翎眼，满幅金碧辉煌，一派富丽吉祥的气氛，跃然画上。细看每一根线条，均见功力，使我惊叹不已，此后，陆续看到他的一些工笔画，无论篇幅大小，都十分耐看。他晚年送我一幅竹与草虫的窄长的条幅，虽然只有12×89公分，画中两枝翠竹直通全画，竹叶也只有十几片，一只草虫爬在竹的上端，如此而已，疏减到不能再少了，再添加任何一点，似乎均有蛇足之嫌，但无论是从章法、造型、勾线及色彩上看都是上乘之作。此画在几十年之后被收入《安徽美术五十年》的大型画册之中，成为申先生被选入画册的仅有之作。

（《郑震文集》，第231—232页）

五

郑震回到芜湖后，立即投入到紧张的教学工作中。他带领学生到大别山区、皖南山区和全国各地去写生，深入到工厂、农村以至街头巷陌去观察、去体验。他认为，外出写生，是一种很好的学习方式，可以扩大生活面，广见多闻，而且会有一种新鲜的印象可以引发作画的激情。但是在外出之前，应该做好准备工作，对于将去的地方，其自然风貌的特点、简单的历史知识、社会风俗等，都要具备起码的常识。如果对所画的知之甚少，作画时便难以展开联想的翅膀。比如到杭州写生，看到路边的苏小小墓，如果先做些准备，看看李贺的有关诗篇，就能浮想起一千年前这位绝代佳人凄美故事，从而引发创作激情。

郑震告诉他的学生：

> 学画是一个脑、眼、手协同运作的过程。用脑用眼就是培育和发展自己的观察能力，使之一步一步地深化提高。所谓提高观察能力，是指对所要表现的对象体察入微，在过去没有发现美的地方发现了美。在美术史上常有这一类的记载，如赵佶对孔雀举足的观察，欧阳修关于早晨牡丹花的观察，都达到细密精微的地步。只有在这种细致深入的观察能力提高的指导之下，手的表现能力，必将步步改善。
>
> （《郑震文集》，第135—136页）

郑震一直主张，美术工作者必须深入群众，走进生活。他强调，不能想象一个风景画画家如果不游山，不玩水，他怎么能"搜尽奇峰"打出草稿呢？不扩大美术工作者深入生活面，他又怎么能通过博览比较而选择适合自己的艺术语言呢？

在美术工作者深入生活的观点上，郑震有着过人之处，他从自身的实践中看到了重视生活积累和知识修养的重要性。他认为深入生活不是下去浮光掠影地画点习作回来了事，而是能在生活中发现捕捉可以"入画"的美的事物和美的形象，而这些形象又在一定程度上能揭示出事物之间的内在联系，能给人们以联想和美的享受。这绝不是一次两次下去所能奏效的，要依靠对生活的观察研究，分析判断的积累，同时又要依靠知识面的宽广和艺术修养的深湛以及艺术技巧的磨炼，没有这种常年经月的多种条件的积累，面对生活的海洋也会望洋兴叹而一无所获。这样的例子，我们不是见得够多的吗？到农村去不懂一点庄稼知识，不了解当前的农业政策，到钢厂不懂一点冶金常识，到水利工地不了解一点水利知识，怎么能谈得上表现人物的什么思想感情？又如何去创造艺术典型形象？所谓观察力的锐敏，指的就是一般人常常忽略，在认为没问题的地方发现问题的能力。在这个意义上来说，如果一个美术工作者平时积之不厚，识之不广，他能够做到"深入"吗？文艺工作是以整个社会生活作为研究和表现对象的，因此它要求从事这个工作的人各种修养也就应该比较丰富，如哲学、政治、文学、历史、地理乃至一些自然科学的常识都是十分重要的，当然，对本行的艺术修养和技巧的钻研更不待说了。

繁忙的教学工作和胡风事件的牵连，并没有挡住郑震创作的脚步。这一年他的木刻《风雨无阻》参加全国青年美展，木刻《晨》参加省青年美展并获奖，木刻《雨后原野》发表于《美术》十二月号，木刻《雪天小景》发表于《安徽文学》第4期。此外还创作了两幅年画，由安徽人民出版社出版。同年，被评为讲师。

1957年初，王蕴瑜生下了一个女孩，取名郑小焰。郑震对这个小女儿钟爱有加。几个子女中，唯独她继承了父亲的版画事业，30年后，和李向伟、武忠平一起成为郑震的首届版画毕业研究生。

方诗恒和郑震由于比邻而居，两人常常在一起闲聊，画坛掌故、学画体会、技法探讨等都是话题。就是在这样的接触中，郑震也向方诗恒学习了许多有益的知识和技巧。

一次，郑震到方家，看到挂在壁间的是一张徐悲鸿画的芭蕉，张书旗画的双鸽条幅，脱口赞道："真乃珠联璧合也。"

方诗恒是悲鸿大师的弟子。当时徐悲鸿正在中央美术学院当院长，常常给方先生来信。方诗恒拿出徐悲鸿的一些信件给郑震看，信是写在毛边纸上类似长卷式的长信，字里行间十分亲切，流露出深切的爱护和期望，徐先生希望他多多深入工农兵生活、多画点连环画为工农兵服务等话语，词意殷殷的真情，十分亲切。

徐悲鸿曾经送给方诗恒一张大幅的书法作品，是他以几句古语来抒发他自己教学的心得内容"写德性、道问学、致广大、尽精微"，方诗恒转赠给了郑震。

可惜徐悲鸿的许多珍贵信件，都在后来方诗恒遭遇厄运中散失。

教学相长，郑震潜心研究木艺，通过教学和十几年握刀斩木学习、探索、创作的实践，他这一时期对于运刀于板的技法已经娴熟，尤其对于线条的研究，此时可谓已经登堂入室了。

他发现，运刀于板，由于刀形的不同，运锋的角度、力度、速度的变换，就能够刻出变化多端的线条：长线和短线、粗线和细线、阴线和阳线、匀称与起伏变化的线、断续顿挫的线、整齐的线和乱而不乱的线等。虽然这种抽象线条，还没有组成某种特定的形象，但它们却已经能够引起观者的多种联想，这是一个饶有兴味的问题，属于绘画心理学的范畴，值得探讨。

一次，在课堂上，他讲道：线条的创造，在国画家、书法家是用笔来完成，而在木刻家则是刀法问题。金属的刀作用于坚硬的板，不如柔软的笔在纸上那样运用自如。但正是这样硬碰硬的特性，产生了它自己独有的艺术效果。

他说，在我国传统的绘画理论中，早就注意及此并且做了规律性的研究，仅仅从画论中对各种线条的命名如"高古游丝""铁线""蓝叶""琴弦""引云流水"等，书法艺术上所讲的"屋漏痕""折钗服"等，不正是研究多种多样线条之后，总结其在人们视觉和心理上的作用而给以形象化的名称吗？

他接着分析，由于线条的不同，能使人联想起质地的刚和柔，分量的轻和重，感觉上的巧和拙，所以才有这么多样的命名。再如线条的走向，又能引起人们与生活经验相联系的各不相似的联想，如垂直线、水平线能使你联系起建筑物和站立的人，因而产生稳定庄严的感觉；波状线能使你联想起水的波纹、柔软的舞姿和飘动的衣折；斜线能使人产生动荡感，折线能使人联想起断裂、锋利和坚硬的联想等。之所以如此，是由于人们在欣赏艺术品时，总是自觉或不自觉地和他的生活经验中长期积累下来的感觉相联系，并且还和民族传统的艺术欣赏习惯相结合起来而产生的。归根结底，仍然是植根于生活之中的体会。因此他认为，搞版画不能忽视对木刻线条的研究。

上述理论在他1957年创作的《在佛子岭人造湖上》木刻作品中得到成功的体现。这幅作品是年参加第三届全国版画展，1959年参加社会主义国家造型艺术展，当时这个展览，国家相当重视。因为中国是社会主义国家，全国参展的作品包括油画、国画、水彩、版画等，也不到二百幅，在莫斯科展出。安徽参加展览只有三幅作品，郑震两幅，龚艺岚一幅。郑震的两幅，一幅是《在佛子岭人造湖上》，一幅是《江畔》。龚艺岚的是其在学校毕业时创作的一张中国画的人物画。

郑震这两幅黑白木刻在苏联的展出，反响很好。苏联给郑震出版了《江畔》小画片，《在佛子岭人造湖上》被苏联东方博物馆收藏，并入编画册，当时这在国内算是最高规格了。

可以说，《在佛子岭人造湖上》成为他从事版画生涯的早期代表作，也标志着他艺术上的成熟，初步奠定了他在安徽版画艺术界的地位。

佛子岭水库系淮河流域第一座钢筋混凝土连拱水库大坝，坝高原为

74.4 米，坝顶长 510 米，位于皖西大别山区霍山县佛子岭打鱼冲口。水库坐落在佛子岭镇南 2.5 千米处，故得此名。水库兴建于 1952 年 1 月，竣工于 1954 年 11 月。

佛子岭水库山清水秀，生态环境优美，巍巍大坝矗立于万山耸翠之间，坝体镌刻着毛泽东主席手书体"一定要把淮河修好"八个红色大字。登坝远眺，两岸青山叠翠，白云绕尖，绵延不绝的水带伸向远方，水天相映，山水相依；湖面碧波如镜，湖心白帆点点，泛舟湖上，山移水复，鸟语花香。

1958 年，朱德、刘伯承等党和国家领导人亲临水库视察。郭沫若题写"佛子岭水库"门额；刘海粟大师亲书佛子岭水库竣工纪念碑文，使佛子岭水库闻名于海内外。国际大坝委员会主席托兰先生称佛子岭大坝为"国际一流的防震连拱坝"；列宁格勒水电设计院院长称赞："连拱坝好，中国工程师了不起！"

《在佛子岭人造湖上》表现的正是这一题材。这是一幅黑白木刻。风光秀丽的画面中呈现出大坝的恢宏气势，水库连拱坝雄伟的现代建筑与大别山的自然秀丽风光、宽阔的人工平湖与周围的高山密林是那样和谐地融合在一起。山林环抱大坝与平湖，水面波光粼粼，渔舟往来，宁静中又极富生气。这是一幅风景画，但紧密地扣住了建国初期大建设的时代脉搏，抛弃了当时流行的概念化创作。即使在 60 年后的今天，我们欣赏这幅作品时，仍然感到画面中优美的意境和浓浓的抒情气息。

鲍加对这一幅画评价曰：

> 记得 1958 年"大跃进"的狂热带给美术界一种概念化、庸俗化的创作倾向，标语、口号式的作品泛滥。郑震仍能坚持按照美术创作规律以抒情的手法创作了版画《在佛子岭人造湖上》。这幅优秀作品今天看来仍然散发出艺术美的芳香。

（《郑震教授纪念集》，第 164 页）

这是一幅以刀代笔的木刻风景画，它不同于国画、水彩和油画，自有铁笔自身的一种独特韵味。整个画面开阖顿挫，线条处理游刃有余。构图布局匠心中见自然，黑白搭配，错落有致，疏密相洽，浓淡相宜，清丽中见刚健，灵动中寓峻峭，刀法细腻但不失厚重，画面清秀又不失坚韧。

在佛子岭人造湖上（黑白木刻，28×43cm，1957年）

安徽师范大学中文系余恕诚教授在《诗境入丹青　睿智增年寿——为郑老九十寿》一文中记录了他1957年在安徽师范学院读书时，看到《在佛子岭人造湖上》这幅画的感受：

此前……大别山的秀丽风光和佛子岭水库连拱坝的雄伟气势，使我震撼，在头脑里留下极其深刻的印象。此时借助版画，又唤起我对佛子岭的记忆。……这种来自艺术的震撼，完全不亚于初次置身佛子岭时的感受。

（《郑震教授纪念集》，第168页）

郑震自己对这幅木刻也是比较满意的，他在《在佛子岭人造湖上》一张黑白照片的背后专门做了注记，字迹清秀瘦劲，原文如下：

在佛子岭人造湖上。1957年刊载于全国各主要报刊，收入多种画册，参加过全国美展，1959年参加社会主义国家造型艺术展览，为苏联东方博物馆、中国美术馆、天津美术馆收藏。郑震。

这张题字的照片至今还保留在子女手中。

是年，郑震35岁，正是风华正茂的年华。

1956年创作的《江畔》则是以抒情写意取胜。画面中对疏密、虚实、黑白韵律进行了艺术的把握和再创造，加之严谨的刀法，精湛的技巧，使人观此画仿佛可以走进"江畔一曲数帆来"的诗境中去。

《江畔》参加了第三届全国版画展和社会主义国家造型艺术展览，发表于《版画》第9期和1958年《美术》三月号；还有木刻《杏花春雨江南》也参加了第三届全国版画展，由人民美术出版社出版。

1957年4月27日，中共中央公布《关于整风运动的指示》，决定在全党进行一次以正确处理人民内部矛盾为主题，以反对官僚主义、宗派主义和主观主义为内

江畔（黑白木刻，16×23cm，1956年）

容的整风运动，发动群众向党提出批评建议。两个月后开始了大规模的反击右派的斗争，史称"反右运动"，运动的结果是一批知识分子和民主党派人士被确定为"右派分子"身份，他们被下放进行劳动改造，有的遭受长达20多年的歧视和迫害。郑震由于刚刚通过了大半年的隔离审查才被放出来，所谓的政治问题基本有了结论，因此在这场斗争中得以侥幸躲过一劫。

这一年，光元鲲也调入安徽师范学院艺术科执教，两人虽从未见面，但彼此神交数十年。有了前面一段"画缘"，此刻二人执手之际都感到非常亲切。

光元鲲以画虎著称于世，青年时代即誉满画坛，在他的笔下，猛虎形神兼备，多彩多姿。光元鲲比郑震年长7岁，此后邻里相处达数十年。

1958年，中共八大二次会议提出"鼓足干劲，力争上游，多快好省地建设社会主义"的总路线，"左"倾经济思想在经济领域膨胀，出现了"大跃进"和人民公社化运动，概念化、公式化的风气充斥了美术界。

在这特定历史背景中，郑震不随波逐流，不媚俗趋势，坚持艺术创作的规律，巧妙地运用抒情的画笔，去表现农村生活的侧面。他创作的木刻

晚归（黑白木刻，14×30.5cm，1957年）

《春讯》，画面主体是一头耕牛，正在亲吻一棵春风中的树，树枝上开满雪白的花朵，地上青青绿草丛中也开满了白色的野花，远景则是蓝天、白云、村庄，整个画面传递着春天到来的音讯。这幅画一经参加第四届全国版画展，便被《版画》《中国建设》等杂志发表，并由上海人民美术出版社、安徽人民出版社出版。这幅画的成功就在于避免了当时美术界那种概念化、庸俗化的创作倾向，经得起时间的考验，它给人以美的享受。此外，木刻《春风》《湖上渔歌》发表于《东风画刊》，木刻《春江》参加全国美展并发表于《萌芽》，木刻《雾》《风雨行》发表于《版画》。这一系列作品，即使在今天来看，也没有违背艺术的自身规律而去迎合政治概念化的潮流，画面还是那么优美抒情。

春汛（套色木刻，27×18.5cm，1958年）

另外，在这一年他的宣传画《向科学文化进军》由安徽人民出版社出版。同年，郑震担任艺术科副主任。

六

1959年春夏之交，时任安徽省委宣传部副部长的赖少其在芜湖视察工作时，来到了安徽师范学院艺术科——当时在全省仅有的培育艺术专业人才的学校。

赖少其1915年生，长郑震7岁，广东普宁市人，笔名少麟，斋号木石斋。赖少其少年时代在广州从事新兴木刻运动，后投身民主解放、民族独立革命。长期戎马关山、颠沛流离、回旋战斗于烈火硝烟，再到解放后亦官亦艺的生涯，使他既具有杰出的革命者的铮铮铁骨，又具有一代书画艺术大师的风骨。

在唐云的眼里，赖少其是这样一个人："所谓'文如其人'、'画如其人'，凡同少其先生有过交往的人都说，他的为人正如他的诗、书、画一样：天真、耿直、豪放。他对现实从不隐瞒自己的观点；对朋友肝胆相照，急公好义。特别是经历了十年浩劫，许多画家都深有体会地说：'疾风知劲草，老赖是个品格高尚的人！'他不喝酒，也不抽烟，平生嗜好的是：诗、书、画。每逢谈到最高兴的问题，总是滔滔不绝，奔放的激情不可遏止。这，正是一个诗人兼画家特有的气质。"

谢稚柳对赖少其的版画评价是："赖少其的版画，在技巧、风格上显示了它的独特性。他曾经刻过如六尺那样大的版画，这令人感到惊奇，单是这样大，从版画史来说，是前所未有的。有幅版画写的是'淮北变江南'，包含着富有意义的风景画，它强烈地接近着中国绘画的铺陈结体，而在色调方面也结合了中国绘画的着色法与色彩的运用，可以说是结合中国绘画的形式，开创了版画史上前所未有的面目。因此，它给人的艺术感受，是富有现实意义而带有中国绘画气氛的别开生面的新颖风调。"

因此，可以想象到，有这样一位内行来领导安徽的美术工作，不啻是安徽美术界的福音。郑震虽然只是初见到赖少其，但久闻他的大名。郑震在青年时期自学木刻，又喜爱鲁迅的文章，在他的书简里，早已知道赖少其在三十年代已被鲁迅赞誉为最有战斗力的青年木刻家了，这次见到赖少其，无疑很高兴。

他后来在《忆赖公》一文中回忆赖少其在安徽主持文艺工作时说：

> 赖公在安徽工作的时间，除去"文革"期间他被剥夺工作的那一段，前后也不过只有十来年光景，在这短短的年月里，他为安徽的美术事业留下了难忘的坚实业绩。而那一段岁月，在"左"的年代里，赖公领导我们创作出一批作品，现在看来，仍然经得住时间、历史和人民的检验，这是多么难得啊。我就曾听到过当时某些"左"派官员，以官方论调的姿态肆意指斥赖公的作品，认为是一些不能为政治服务的造型上也是歪曲的等等无端的责难，可以想到这些荒谬的评说，给赖公带来多少重压。

（《郑震文集》，第222—223页）

在安徽师范学院艺术科走廊里，郑震陪着赖少其一边看陈列的一些师生的作品，一边向他介绍当时艺术科的初期状况。

郑震对赖少其说："我们办学条件虽然非常简陋，却有着一支比较精干的教师队伍，人数不多，但均能称职，版画教师有周芜和我，中国画方面有王石岑、光元鲲、申茂之，素描和油画方面有方诗恒、吴东樑、张悲鹭、宋肖虎等人。"

他又说："我们连一间陈列室也没有，只能在楼道的走廊上悬挂了几十幅作品，请赖部长指教。"赖少其看得很认真仔细，话语不多，但对陈列的作品甚是满意，频频点头，在指点作品时三言两语都说到点子上。这次见面赖少其给郑震留下最初的印象就是亲切。

接着，郑震又陪着赖少其看望了芜湖市的一些正在集中创作的画家，对他们的作品或者是正在创作的一些环节，都认真地谈了一些他的见解。

当时有一位青年油画工作者，正在画一张硕大的静物油画，每一个辣椒都画得有碗口那么大，手里握着一大把画笔，做出一副大画家派头，而画面除了大，几乎非常空泛，赖少其看了，显然不喜欢此种装腔作势以大唬人的画风，他只说了一句："画得大，并不等于作品伟大。"郑震很欣赏赖少其这种实际见解，感到赖少其没有那种套话官腔，没有那种泛泛的语言。

郑震当晚在记事本里记了这样一句话：

> 我是第一次接触到这样一位专家内行的领导，从内心里充满了敬佩之情，也为安徽文艺界有这样一位领导而庆幸。

在谈到安徽版画事业发展时，郑震认为："1958年赖少其同志来到安徽，由于这位内行专家的领导，益发使安徽的版画创作蓬蓬勃勃，在全国有了引人注目的地位。"

这一年，他创作了木刻《村前傍晚》《友谊》并发表于《版画》，还创作了木刻《劈山建厂》等。秋天，正是外出写生的好季节。他带着学生跨南海，登匡庐，游三峡，访石窟，足迹遍布大江南北。由于过度的劳累，次年初在大别山区的写生中病倒了，潜伏在肺部的结核病发作。在1960年那个年代，医疗条件比较落后。人一旦得了结核病大都是以死亡告终，鲁迅先生就是患肺结核而英年早逝的。即使在今天，虽然随着抗结核药物的出现，结核病的结局有了根本性的改观，但肺结核病还是有一定的死亡率。

结核病发作带来的是大量的吐血,郑震被折磨得异常消瘦。但是在住院期间,仍然以其惊人的毅力和疾病做斗争。他听说土方可以治疗,什么用辣椒水往肺里灌,什么用充气方法治疗,他都试过。即使这样,郑震在配合医生治疗期间,也没闲着,仍然坚持画速写,思考一些作品的构图,准备给学生上课的讲稿等。

著名美学评论家郭因知道后,感叹说:"一个真正的艺术家,他总是以整个生命投入艺术创作,他的艺术作品总是体现着他的整个生命。"

芜湖弋矶山医院一个医生介绍郑震去合肥,请省医院肺科的一个专家徐学寿医生给他治病。郑震到了合肥,徐学寿看了后给他开点药,说其他所有药都不要吃了,你晚上来,我带你到X光室检查一下。经过一段时间的治疗,郑震的病情慢慢稳定下来。

在这期间,周芜放弃了版画创作,把治学方向转向明清徽派版画的历史及资料的收集整理上去了。一次,周芜来到郑震住处,看望他的病情时说,他感觉在明清徽派版画这一领域,多年来,安徽缺少这方面的研究,他想抽出时间来专门从事这一工作。

果然,周芜在后来的几年中,跑遍了国内著名的图书馆,收集资料数量之多令人惊叹,受到业界普遍的关注和研究。

七

1960年,赖少其时任中共安徽省委宣传部副部长兼省文联主席、党组书记,为了人民大会堂安徽厅的美术作品和整体美术设计,他组织和领导了郑震、周芜、师松龄、张弘、陶天月、宇夫、易振生、丁少中、朱曙征、陈昌源、章开森、张在元、林之耀等一大批版画家走上黄山,创作了《黄山云海》《黄山宾馆》等大型版画,陈列于人民大会堂安徽厅。这一批"具有鲜明时代特色"的版画,后来被李桦和古元先生称之为"新徽派版画"而载入现代中国美术史册。

李桦先生在《祝新徽派版画的出现》一文中认为：在中国古代版画史上，明末万历年间曾出现一个著名的徽派，其光辉成就，造就了古代版画史的黄金期，是我国优秀艺术遗产的一部分。现在，安徽版画家的成就也较为突出，他们继承了古代徽派木刻的优良传统，予以革新，加入了时代色彩和地方特点，创为新徽派版画，这些作品有鲜明的时代特色，广泛地反映江淮地区人民的生活、社会主义建设和大自然的风貌，充溢着人民的新思想、美好愿望和真挚的感情，地方色彩特别浓厚，这是在我们版画百花园中开发出的一朵别具风格的鲜艳花朵，我们以能欣赏这样的新徽派版画而感到高兴。

古元先生在《赞安徽版画》一文中认为：安徽版画家的成就，比较突出，他们继承古代徽派版画的优点，融合于新兴版画的革命传统之中，为创造新徽派版画跨出了可喜的一步。我省老一辈版画家的创作实践和成就为我省美术界的版画家们做出了光辉的榜样。

"新徽派"版画艺术的崛起，究其原因：

首先在于它继承了传统徽派版画的艺术特色。

徽派版画有着四百余年的悠久历史，与建安、金陵、武林版画成并驾齐驱之势，誉满全国。它的影响一直绵延至清初，历时一百五十余年，创造了我国古代版画艺术的辉煌。著名的代表作当推《环翠堂园景图》《方氏墨苑》《唐诗画谱》《西厢记》《太平山水图》等。

传统的徽派版画在中国文化史上具有重要地位，它以白描手法造型，以高超的雕工技术，一扫明万历以前版画的"线条粗壮，构图简略"粗壮雄健之风。徽派版画刻工线纹细如擘发，转动柔和，景物环境如山石、地砖、窗棂都刻得繁密工细，画风富丽精工，构图格调新颖，式样翻新，丰富多彩；线条秀劲流畅，形象逼真活脱，版面清雅简洁，情调秀丽、妩媚，意境雅致细巧、恬静安乐，具有文人儒雅之气。特别是文人画家参与版画创作，把国画理论及技法、表现形式运用于版画，版画开始出现同国画合流的倾向。这种革新，也是徽派版画本身所具有的时代特征，所刊年画、画报、画谱、笺谱以及戏曲、小说插图，在技巧上都达到了非常高的水平，构图之完美，形象之准确，线条之纤丽，为同时代其他流派所不及。

新徽派版画擅长用中国画线条造型与古壁画、徽三雕的色调、质感和用色相交融，线条的意韵，砖雕的刀法，刚柔并济，人物与景物在入木三分中，跃然而出。特别是直与曲的变奏、黑与白的更迭，乃至具象与抽象的交融，在块面与点线的结构中交替并用，能产生独特的"刀木趣味"，作品在厚重拙朴中能够凸显着浓郁芬芳的刀味、木味、墨味、纸味。这一艺术风格都是立足于传统徽派版画基础上形成的。

其次，一个画派的兴起，离不开献身于绘画事业的艺术家们的执着追求。

20世纪40年代末50年代初，安徽版画界就聚集了第一代版画家郑震、周芜等人，他们分别接受过鲁迅先生倡导的新兴版画运动的影响和解放区革命木刻的教育。

他们秉执新兴木刻运动的宗旨，即以创造为追求，以艺术个性为号召，开始了安徽画坛上艰难的木刻创作之旅，走的是完全不同于传统复制版画的一条新路。

回顾1950—1959年的安徽美术史，可以知道安徽现代版画艺术在刚解放时期还是一片荒芜的处女地，正是由于郑震、周芜、师松龄、陶天月等第一代版画家艰辛地探索、开拓和耕耘，安徽现代版画艺术和现代美术教育才从无到有，从一张白纸开始创立到长足发展，在全国有了一定影响。这一批第一代版画家以自己的艺术创作实践影响带动着安徽现代版画创作的发展。

著名美学理论家陈育德教授在《宁静致远 着手成春——郑震先生的

艺术境界》说："郑震先生是安徽师范大学资深教授、著名画家，安徽省绘画艺术的开拓者和领军人物之一。"

早在1949年，合肥成立皖北文艺干校之际，郑震、周芜便联合举办"木刻作品展览"，作品入选"第一届全国版画展"；1958年周芜、郑震、师松龄、丁少中、易振生、宇夫6位画家8件作品入选"第三届全国版画展"。

郑震作品《佛子岭人造湖上》《江畔》入选苏联"第一届社会主义国家造型艺术展"，并由苏联收藏出版。同时，郑震、周芜又担负起培养学子的重任。他们的学生及在其影响下的一批青年，很快在"第三届全国版画展"中崭露头角，并且结出了丰硕的成果。

有了前十年的开拓发展基础，到了1959年2月，赖少其来到安徽任职并主持美术界工作，安徽现代版画艺术又步入了一个崭新的繁荣创作时期，并由此崛起了一个以赖少其、郑震、周芜为领军人物的新的画派——"新徽派"版画艺术。

再次，新徽派版画的兴起，离不开赖少其先生的领导。

赖少其长期兼任省美协、省书协主席，又是内行，深谙艺术规律，他高瞻远瞩，卓有远见，关注整个50年代安徽版画创作的一批正在逐步成长的生力军，看到徽派版画的影响和魅力，大有崛起之势，认为这是安徽新徽派版画兴起的契机，于是，便以其革命家和艺术家特有的眼光和对徽文化的深刻认识，大力提倡一手继承优秀文化传统，一手抓认真深入生活，领导了这次黄山版画创作活动。"黄山创作"活动一开始，赖少其就明确提出两点基本要求：一是继承徽派版画传统，使作品具有鲜明的民族风格；一是要重视生活，从生活中提取素材，不做无米之炊。他独创的"以白压黑"技法，成为新徽派版画的主要创始人。

他亲自组织了当时安徽一大批版画家去黄山及重点建设工地体验生活，又从省博物馆借来徽派古版画原作精品，让大家进行认真观摩、学习、研究，取其精华，集体研究构图，大胆借鉴西洋和敦煌色彩，创新求变。创作了《节日的农村》《黄山云海》《黄山宾馆》《梅山水库》《水库工地》等六件大型版画，陈列于人民大会堂安徽厅。（参见章飚《新徽派版画的历程》一文）

郑震是"黄山组画"创作活动的主要参与者。他当时还住在弋矶山医院里，手术后尚处在恢复期，赖少其一纸专函，郑震便到了黄山。赖少其告诉他，这次是为人民大会堂安徽厅创作，准备创作一组《黄山组画》的大型版画。赖少其十分关切地说："郑震同志，你先熟悉一下情况，一面构思创作，一面调养身体。"为了使郑震尽快地投入到创作中，亲自安排了郑震的生活住宿，尽可能地为他病后疗养创造良好条件，这使郑震很感动。

郑震回忆说：

> 1960年，赖少其受安徽省省政府的委托，在人民大会堂里面布置安徽厅，要我们集中一起去创作一批作品。地点定在黄山，就跟我们学校商量，要借调郑震同志到黄山，学校认为是好事。赖少其带信给我，说到黄山的路不好走，从芜湖经泾县、石台再到黄山。赖少其打电话通知我，叫我不要慌走，有一交通厅厅长要到黄山，经过芜湖时就坐他的车，他把我直接带到黄山。这样我就到了黄山。
>
> 我的住宿条件比较特殊，把我安排在黄山疗养院，在半山腰。山下有一大的疗养院，我住的是小的疗养院，叫"正道居"，现在看来也不错，一栋小楼二层，上面有三四个房间，卫生间漂亮极了。
>
> （郑震录音回忆）

在创作中，赖少其制定了有着可操作性的具体措施。例如针对当时的年轻美术工作者，对继承传统很少有人坐下来认认真真地下一番研究和实践的功夫，赖少其在上黄山之前，除了准备了一批版画用材之外，还运来了一批图书和资料，其中就有当时上海博物馆刚刚出版的大型画册——《上海博物馆藏画集》，还有《清明上河图》《故宫周刊》。他还将自己收藏的明清之际的徽派版画、套版朿帖等，给大家观赏临摹，并不时讲解他自己学习临摹欣赏的体会。郑震和几位同事都在赖少其的指点之下阅读并临摹了一些古代的绘画精品。

　　赖少其领导有一套办法。因为他懂行，是内行，是专家，他不像别的领导，没有瞎指挥，创作搞了四幅大的，其中有个稿子是挂我的名，因为是我起的稿子。开始时他不太满意，但是他不讲不好，他对我说：我从合肥带了一批画册来，其中有故宫里的藏品画册，还有上海博物馆里藏画，我叫人给你搬到你房间去，你不要下来，不要出来，你规规矩矩给我看一个礼拜。他叫我学习传统，我就真地听他话，没事就看，有时候白天出去画画速写。后来我领会了他的想法，传统加现代的东西，传统作为基础，所以我就起了个黄山宾馆的那张大稿子，搞成了，他就说不错，效果不错，这样在那里应该说是学到了赖少其领导创作的一套办法。

　　赖少其艺术家的味道也很浓的，有天晚上他搞到了一幅好的画，他说："这张好唉。""怎么个好法？"他说，这样吧，吃过晚饭，别人散步你就不要去了，把画挂在楼下的小客厅里，夕阳照在那上面，我们俩光看，别作声就看画。他自己也喜欢收藏点，他花了一百元买了张文徵明的画，开心得不得了。我看了文徵明的画说："这张画好啊，值得当宝贝留着。"他说："好是好，回家老婆要吵架的，这个月的工资都用掉了。"

（郑震录音回忆）

郑震和陶天月、张弘合作创作了《黄山宾馆》等套色木刻。《黄山宾馆》画幅155×92cm，气势恢宏，画面壮阔，刀法精细。可以看到，这幅画继承了传统徽派砖雕的线条意韵和刚柔并济的刀法，用中国画的线条造型与古壁画、徽三雕的色调、质感以及用色，相互交融。这幅画现在仅存一幅，保留在陶天月手中，他把这幅作品装裱悬挂在冷香居客厅里。

黄山宾馆（套色木刻，155×92cm，1960年，郑震、陶天月、张弘合作）

"黄山创作"历时近两个月之久，在安徽的版画发展史上是浓墨重彩的一页，是新徽派版画崛起的里程碑标志，具有承前启后的历史意义。它将徽派版画艺术创作推到了一个新的高度，并且由圈内而圈外，由省内而省外，由国内而国外，声誉日隆，现在已成为中国版画界的闪光品牌。

郑震认为，从某种意义上说这次创作就不仅仅是赖少其带领这批画家创作出一批在全国有影响的作品，更重要的是为当时艺术人才贫乏的安徽培养出了一批年轻的创作队伍，因此赖少其不仅仅是一位文艺领导而且是一位育人的师长。

郑震在50年后撰文《忆赖公》：

在这样一次历程里，我不仅创作了几幅版画，更为难得的是在和赖公朝夕相处的接触里，感受到他的艺术思维、广见博闻的修养和对待整个创作全过程的指导风格以及具体的艺术技巧等等，使我深受教益，甚至影响到我以后几十年的创作生涯。每当我回忆起那段日子，内心里则充满了对他的感激之情。

（《郑震文集》，第212页）

大幅版画《黄山组画》创作好后陈列于人民大会堂，由上海朵云轩、人民美术出版社出版。

中国美术家协会常务副主席吴长江认为：郑震先生是"新徽派"版画艺术的主要开拓者、奠基者之一，是20世纪后期"新徽派"版画艺术独当一面的代表性画家。

安徽美术家协会原主席章飚在《桑榆未晚　红霞满天——略述郑震先生水彩画的艺术特色》中开篇就指出：

德高望重的郑震先生是安徽新徽派版画的开拓者和奠基人之一。

早在上世纪四十年代，就参加了以宋庆龄为名誉主席的中华全国木刻家协会，开始了近一个甲子的版画创作历程，诞生了百余幅享誉中国画坛的版画精品。

（《郑震教授纪念集》，第176页）

他在《新徽派版画的历程》一文中说：

"新徽派版画"形成时期的领军人物当属赖少其、郑震、周芜、师松龄先生，他们为培养、造就、锻炼我省的版画创作队伍，作出了不可磨灭的贡献！

八

郑震从黄山下来，已经是秋天了。在1960年夏，皖南大学艺术系已并入安徽艺术专科学校，成立本科安徽艺术学院。郑震一家随迁至合肥。郑震在学院任美术系讲师，又回到了阔别许久的家乡。

回到合肥安顿下来后，郑震先去老宅看望两个姑母和堂嫂连淑萍。郑震家原有的几排房子在解放前为了偿还当时一些佃户的债务早已经卖了，郑大房子也只剩下临街的门楼，门楼两侧的石鼓在解放初期还在，到了1960年则早已不知去向。门楼用土砖砌成两间简陋房子，由郑震堂兄郑大奎一家居住。

郑震两个堂姑母和堂嫂连淑萍三家住在郑大奎家对面，共三间瓦房，三家各住一间，周围用土墙圈围起来，形成一个小院子，大约有100个平方的面积。一进院子，是一棵冬青树，院子西边种了一些花草。

郑震见到了堂嫂连淑萍，其时堂兄郑香筠已因病去世。郑震和堂嫂说，想把永铃接回去。堂嫂很伤心，她抚育这个孩子已经有12年了，视如己出，永铃一走，她就孤寡一人。她对郑震说："百寿（永铃小名）学习很用功，不用我操心。我舍不得离开这孩子。"郑震想想也是人之常情，考虑到堂嫂心情，随之作罢。他说："这样吧，四嫂，你生活也困难，永铃生活费用以后由我来承担。"

堂姑母郑道芳是一个传奇女子，丈夫叫王仲甫，是一个山东大汉，系国民党装甲独立旅旅长，随傅作义将军一起为北平和平解放立过功。解放后，他不愿意再卷入官场，随郑道芳一起回到合肥，以帮人挑水为生，1960年在孤独中死去。郑震的这位堂姑母文学修养很好，熟读唐诗宋词，《长恨歌》《琵琶行》倒背如流，为人性格刚烈。郑震很佩服这位姑母。这次见面，促使了姑母把她的小女儿王英多嫁给了郑震的大弟郑世昌。郑震还去看望了郑世云、世魁等几个堂兄弟等。

安徽艺术学院前身是安徽艺术学校，创办于1956年，1958年升格为安徽艺术专科学校，1959年皖南大学艺术系并入后成立安徽艺术学院。学院坐落于合肥老城区东南屯溪路，与合肥工业大学遥遥相对。1960年时，学校围墙外都是农田和一些杂草丛生地带。

合并后的安徽艺术学院美术系汇聚了当时安徽美术界很多精英，有萧龙士、童雪鸿、孔小瑜、郑震、王石岑、光元鲲、申茂之等，师资力量之强空前一时，在全国都很有影响，外地很多学子都想进入这所学校以投入名师门下。

郑震发现人才、爱惜人才、扶植新人、奖掖后进是出了名的。大约是这一年秋天，郑震来到杭州收集创作素材。一天在西湖边画水彩画写生时，不小心碰倒了身边的颜料盘，滚落到湖里。突然一个男孩子一头扎进水里，瞬间又浮出水面，手中拿着那个颜料盘，笑嘻嘻地说："老师，给你！"郑震拉他上了岸，连声说："谢谢你，小伙子！"通过交谈，才知道他一直在边上看郑震作画。

这个小伙子叫张万琪，16岁，正在绍兴师范读书，酷爱美术。说来机缘巧合，张万琪在绍兴师范的美术老师叫冯俊臣，冯俊臣则是郑震学生。当时张万琪想报考浙江美术学院而学院停招新生，他正为此发愁，冯俊臣说："万琪，你报考安徽艺术学院美术系吧，那是我的母校。这学校虽然没有浙江美院古老有名，但也是一所美术专业院校，最重要的是有个郑震。"

这次在西湖边的巧遇，促成了张万琪与郑震老师不渝终生的师生之旅。临离开杭州时，郑震叮嘱万琪报考安徽艺术学院。但是，天有不测风云，张万琪却因故失去了这次报考机会。

当时的通讯缓慢落后，邮件送达是不定时的。准考证寄到绍兴师范，已是吃过晚饭三五成群夹着书本去教学楼上夜自修的时候了。

张万琪收到通知，先是一阵狂喜，瞬间又跌入深渊。原来考试时间是在第二天上午八时，地点还在安徽芜湖。当年去芜湖要从杭州到上海，转到南京、合肥再到芜湖，这样一条路线，张万琪就是插翅也不能准时飞到考场。

张万琪拽着妈妈高利贷借来的几十元，眼前发黑，无处申述。

一星期后，郑震来信问张万琪为何不去参加入学考试。张万琪有苦说不出来。后来郑震知道了原委很惋惜，在回信中说："万琪，你还可以先自学，把你的作品按时寄给我，我来指导你。"从此，郑震像关爱一个孤儿一样关爱万琪，在信里指导万琪作画，甚至比对一个真正在班上听课的学生还要认真热忱。二人就这么书信往来了几年，直到"文革"才中断。

1961年，郑震的套色木刻《茶山晨曲》刚刚问世，立即引起了国内版画界的较大反响。这一幅套色版画发表于《上海文艺》，由朵云轩出版。画幅75×45cm。整个画面很满，但虚实相生、疏密有致。画面的动感很强，那曲折的溪水沿着山涧而下，使人仿佛听到那潺潺流水的声音和节奏，犬牙交错的山石嶙峋参差，三组采茶女神态各异，青春的气息洋溢在茶山的早晨，真是茶山晨曲，春意盎然，画中有诗情，画中有歌声，画中有神韵！

　　郑震毕生追求的传统美学意境和生活情趣相互交融的艺术风格，在这幅套色木刻中得到很好的体现。

茶山晨曲（套色木刻，75×45cm，1961年）

郑震套色版画的一个突出特点，是设色明丽，富于变化。在《茶山晨曲》画中间的右边，一个采茶女的上衣用大红设色，其余采茶女则是以淡色调处理，这一处理看似不经意，却真正起到了"万绿丛中一点红"的美学效果，使人赞叹不已，由衷佩服。

美学家郭因在《青椒炒竹笋——我看郑震的画》一文中从美学角度这样说：

> 他的作品，从构图到每一根线条、每一片色彩，都很难挑出一点使人感到遗憾的毛病，而总是那么完美、那么沁人心脾、那么使人每一个毛孔都感到舒服。他的作品总是犹如一个"增之一分则太长、减之一分则太短，著粉则太白，施朱则太赤"的丽人，无懈可击。它或者并不使人惊心动魄，但它却永远耐人咀嚼。

同年，与丁少中合作的《连拱坝颂》发表于《中国青年》等报刊，并由人民美术出版社出版。这幅版画长135cm，宽87cm，其场面恢宏、气势壮阔，为业内所赞许。此外，还创作了木刻《马鞍山日日夜夜》发表于《安徽文艺》；创作的贺年图片，由安徽人民出版社出版。

1961年夏天过后，艺术系设立了版画专业班。这是安徽美术领域招收的首届专业版画班。全班只有7个学生：张佑民、张宜银、许德华、邓招娣、郑世昌，姚祖范，冯张础。

在给版画班学生的第一堂课上，郑震就明确提出："我培养学生的目的是职业教师，但也希望能努力成为画家。"

木刻版画艺术到底有什么独特魅力？为了使同学们能很好地感知，郑震给学生上了"刀木趣味"一课。郑震认为：搞木刻版画，要讲究"刀木趣味"，它是木艺独有的特色。木刻艺术是放刀于板而成的一种绘画形式，每一种绘画形式，如果不研究其工具性能及表现特色，则生命力必将枯竭。

运刀于板，由于刀形的不同，要熟悉各种刀型和木材的质地、硬度，要研究运锋的角度、力度、速度的变换及其产生的刀木线条效果，这就如同练习书法时，要熟悉羊毫、狼毫运笔的软硬、质地在不同宣纸上产生的不同效果。

搞木刻一定要练习控制在木板上放刀直干的那种得心应手的本领。运刀有多样性，如推、挑、摇、顿、刮等多样的刻法，再加上对木质硬度、纹理顺逆的熟悉，就能够使刀法产生互不重复的丰富无比的变化，这就是木刻不同于油画、水彩和中国画的独特的"刀木趣味"。

他对学生要求很严格，教学中时时强调基本功训练，要同学们不要祈求一夜成名。作为一个版画工作者，应该花大力气，下大功夫去掌握运刀的本领、熟练木质的性能等，亦如油画家追求色彩、国画家娴熟笔墨、文学家驾驭语言一样，是要付出大量的劳动和精力的。多做一些练习刀法的小习作，认真去刻，既能熟手，也能锻炼艺术创造的胆识。仅仅在创作成品时才拿起刀来，势必受成败得失的顾虑而不敢放刀直干。这里所说的认真，是指推敲和思考而言，并非意味着粗放和细致的差别，细致是认真的，粗放也可以是认真，而且是一种概括更强、以少胜多的表现手法。因此，审慎和拘谨、果断与轻率，是不应该混淆的，我们应该在实践中，寻求适合于自己的创造性的艺术语言，对于提高我们版画创作的质量，是很重要的。

他的学生张宜银在《忆恩师郑震先生》一文中回忆说：

先生在教学和创作中十分严谨，特别是木刻创作，在上板之前，一定要打好画稿。画稿是基础。对于木刻创作者来说，所有的问题在刻之前都必须在画稿上解决。画稿不成熟，就急于上板或者板上见都不可取，先生自己创作就是这样。

先生授课时总会先示范。比如一次画喜鹊时，他拿来喜鹊标本，先刻好一幅，要学生们看他是如何运用三棱刀刻羽毛的；接着让学生先写生，画好画稿再上板刻。

郑震保存了几十幅创作画稿小样，他的版画作品从构图到色彩，全部忠实于原画稿。郑震的这一创作理念和方法对学生影响深远。张宜银说，自己从当年的毕业作品《风雨抢修》开始直到晚年的木刻作品，在创作中都是遵循这条路子的。

教学如何与实践相结合？郑震的教学方法有些独特，他善于把教学深入到实践中去。他带领学生去农村体验生活，要求学生主动给农民画像，他说："谁画的最像，谁就把画像送给农民兄弟。"这种方法激发了学生兴趣，张宜银回忆说，当时每个同学都想给农民画得像，争取一遍就能够送出去，他和冯张础送出的最多。这既受到当地农民欢迎，也极大地鞭策了学生学习画画的积极性。

安徽师范大学美术学院院长高飞在《郑震教授纪念集·弁言》中认为，郑震先生是最早执教于安徽师大美术学院的前辈之一。作为安徽高等美术教育的奠基人，之所以在人才培养方面做出突出贡献，即源于他与众不同的教育教学理念。

他在长期的教学实践中，一贯秉持既重视学生技法、技巧的训练，亦强调理论知识的学习和掌握。对于两者，他的观点十分明确，每每会在课堂上或著述中表达出来。如他说："学习描绘技巧，只要按照一定的方法和步骤，坚持不懈，不难收效。难的是对绘画艺术的领悟，这就不是单一的技法练习的问题，而需要其他文化素养的积累和思考。"复说："对于学画的人来说，基本功的内涵主要是指描绘技术的熟练，但其内涵不止于技法的熟练，还应该包括如文学的基础和其他知识（历史和自然科学），以及对其他艺术品种的欣赏能力，等等。忽视文化素养，仅仅重视技术锻炼，最终必将影响到绘画艺术的成就。"先生这种教育思想理念的形成，想必与他自学绘画和青年时期的广泛爱好——发表文学作品（诗歌、散文、小说）、从事报刊编辑、阅读大量经典著作密不可分。换言之，先生把自己的经历抑或是经验转化到他的教学实践中去，对于今天的我们，也许是一个很好的启迪吧。

（《郑震教授纪念集》，"弁言"第 1 页）

张宜银保留了五十多年前的《课堂笔记》，笔记是当年郑震给他们上课的原始记录，现摘录几则如下：

62.2.22：《版画专业课笔记》，合肥师院郑震授：

版画木刻的刀法和国画的笔法以及水彩、油画的笔趣相似，还有它装饰的风味。搞造型艺术就必须是形式的美刀法和时代、民族相联系，更进一步地说和一个人的个性、嗜好等有关系。

63.5.18：造型不准的因素。郑老师：

思想上方法上不对，是否急于求成？是否习作和创作未分开？对构图和思想性强调，对技术性则忽视。是否方法上有问题，主题未抓，专搞构图背景来弥补？我们不要在画面上求表面效果。

63.6.28：《本学期版画课程总结》，郑老师：

这学期大部分都刻人的，比例关系基本上掌握了，符合课程要求。对人物形象在刀法上运用有所进展，对人物形象的丑美也有进一步认识，但存在问题不少：一、教学方面。在教学思想上，习作和创作没分开，以至于习作花了很多时间。二、勤学苦练程度不够，联系不均衡，不持久，不经常。一张作品上出现的问题，总是没下功夫，即便搞出来也是偷人家的。如果是花费劳动得来的，自己总是珍惜的。

不能缺乏自我控制能力，决不能因表扬而骄傲，也不能因为受批评而灰心丧气。学习方法成问题，没细节，深入不下去，非无能而不为也。

这些五十多年前的原始上课笔记资料很珍贵，有助于研究郑震的美术教育理念及其教学方法。一次，郑震和版画班学生谈起当今的一些木刻家现状，他认为画家要反映现实，其作品要鼓动人们的激情和信心。他认为当代著名版画家浙江赵延年的作品就能反映现实，创作有激情，所以能站住脚，当然画家也有局限性和弱点，要考虑他所处的历史环境。

4年后，合肥师院首届版画班毕业了。

在首届版画班七个弟子中，张佑民极有美术天赋，对绘画领悟力很强。张佑民是安徽巢县人，1964年从合肥师范学院艺术系版画专业班毕业。后来在版画、水彩画、美术教育等方面均有建树，是安徽建筑工业学院教授、建筑系副主任、环境艺术系主任。其《水乡》《北京来信》《早潮》《剪纸》等参加全国版画展、美展及出国展，出版有《水彩画研究》。他和郑震另一个弟子张宜银合作的黑白木刻《家乡》曾经在安徽版画界获得一致好评。可惜天妒英才，张佑民事业正处在成熟期，却因病过早去世。郑震闻之，悲恸不已。

张宜银也是巢湖人。在首届版画班里，张宜银以第一名的成绩毕业，给师友留下了深刻印象。他学习刻苦、努力，每年假期返校时，他一个人的速写作业，往往竟然会是全班同学的速写作业的总和。阴差阳错的是，毕业之后，他并没有能够从事版画专业工作，而是听从国家召唤，奔波、效力于西北边疆、深圳、北京，在不同的企业，摸爬滚打了近四十年。直到2006年，解甲归田的他，才真正重新拿起木刻刀。即便如此，张宜银几十年中不忘恩师的教诲，仍然对版画一往情深，在安徽的版画艺术家之中也有较大影响。

郑震对他创作的《秋日》曾经赞誉有加。画面中的那棵千年银杏树，以徽州唐模的千年银杏为原型。银杏，最好看的时节是在春、秋时分。春天刚发芽，翠绿景色瑰丽动人，秋时，树叶呈橘黄，颜色更美。画面中，一群小学生扫除的，正是张宜银先生选取的秋日千年银杏的落叶。而且，这幅画虽不是套色，但是，以黑白表现，却格外生趣。郑震最赞赏的是张宜银创作的一系列藏书票，雅致有趣，极具品位。

九

郑震自少年时代就醉心于文学，20世纪40年代在报刊上发表过不少散文、新诗等。现在虽然从事美术专业教学，但对文学尤其是新诗的情结依旧炽热。他和当时安徽文学界的不少朋友交往甚密。

60年代，安徽文坛上涌现出一批青年诗人，如严阵、玛金、那沙、张万舒、刘祖慈等人，在全国都有较大影响。

严阵，原名阎桂青，山东莱阳人。中国当代著名诗人、作家和画家。60年代他的《江南曲》《琴泉》《长江在我窗前流过》等诗歌曾风靡一时。郑震的长子永铃很喜欢严阵的《长江在我窗前流过》，他曾经带着永铃专门拜访了严阵，说："我这个大儿子，很崇拜你的诗，今天来拜访老师，想请你指教。"严阵哈哈大笑："哪里，哪里。"在永铃的眼中，严阵是一个山东大汉，但说话很温和，人很热情。

严阵的新诗风格和郑震的绘画风格有些相似，写意抒情，诗画相映，清丽隽永，造境优美。在郑震画笔下，杏花春雨，粉墙黛瓦，江南风情，翠雨池塘畔的点点桃花，薄暮时分中的一抹夕阳，山林寂寂外的片片帆影，以及那青翠欲滴的丛林、星星点点的野花和飞溅的瀑布、清澈的溪流，无不透出一种生命的温润和谐，呈现恬静、优美的意境。而严阵的诗歌中善于勾勒描绘杏花雨、杨柳岸、月色、梨花的江南景色。如，《杏花雨》："几树杏花几树雨，江南在杏花春雨里。远山绿濛濛，江岸紫又红。"《山坞》："山坞三月夜，一片梨花月。簇簇梨花开得盛，梨花和月色分不清。"

郑震欣赏严阵诗歌，于1962年为严阵《江南曲》作了插图，还为玛金《彩壁集》、那沙《群山，你早》诗集也分别作了插图。

1962年，郑震和几个青年画家参与省美协组织的创作活动，去黄山收集素材，住在北海"散花精舍"宾馆小楼里。当时的黄山北海，游人很少，只偶尔可以见到几位国画家和摄影家们，写生于松石流泉之间。

上山第二天清晨，在山间小路上，郑震遇到了也在黄山的潘天寿、诸乐三两位中国画大师。郑震对潘天寿先生是久仰其名无缘一见，不期在这里见到了。潘天寿的作品一直是郑震敬仰和喜爱的，在潘天寿笔下，哪怕只是简练几笔，一石一鸟、一花一叶，都是那样使人感受到意外的美感。他那种独具一格的章法构思，那种有力耐看的用笔，那隽永的情趣和他的书法款识，都能使郑震叫绝而叹为观止。

郑震在《黄山夜话——偶遇潘天寿先生》中谈到他第一眼见到潘天寿先生的印象：

　　　　潘先生给我的第一印象是朴实无华的一位学者型的画家。剪着短短的头发，戴一副宽边眼镜，脚下是一双圆口布鞋，举止端庄静雅，神情和蔼，给人感到十分亲切。我们和他打招呼，他颔首微笑作答，没有那种大家的矜持。

（《郑震文集》，第240页）

一天，郑震在山间岭上画速写和水彩画，看到潘天寿先生和诸先生慢慢地边走边看或互相低声交谈。郑震从未见到他画速写，感到奇怪，他很想知道这位大家作画是如何汲取素材的。郑震走上前去打招呼，问潘先生："潘老，我怎么没有看到您画速写呀？"潘天寿笑笑回答："不必画速写，只要目识心记就可以了。"

当时，在全面以西方写实绘画的方法改造传统中国画的年代中，搞创作没有速写几乎寸步难行。郑震是搞版画和水彩画的，一时难以理解潘天寿先生仅凭目识心记来画黄山的观点。多年后他自己学习探索中国山水画，在实践中才慢慢地体会到"不必画速写"的目识心记之真谛，潘天寿等老一辈的山水画家的作品，都具有鲜明的传统风格，就是熟谙并掌握了这种传统的绘画方法。

美术史论家刘继潮后来在《艺术与人生的澄明之境——读郑震先生山水画》一文中，情不自禁地赞曰：

> 潘天寿先生说"不必画速写"，真可谓一语惊人！一代大师潘天寿顶着极左意识形态的重压，毫不妥协地捍卫传统，其深义是坚守传统绘画本体之观、"目识心记"的智慧，不选择西方模拟视网膜成像的路径。

（《郑震教授纪念集》，第178页）

郑震后来反思潘天寿先生"不必画速写"的观点，深受启发，他说："正如美术史论家刘继潮所探究的中国画的空间建设这一专题，他以为这是我国古典山水画家的智慧创造，是画家以人的视觉经验，目识心记神游而后顿悟的想象力相结合的中国山水画的独特图式的一种思维方法。"这种反思影响了他在后来美术教育改革实践中的探索。

1962年的黄山白天很冷清，到了晚上，因为没有通电，大家只能用煤油灯照明，在光照不足的情况下，画画也比较困难，便在一起闲聊。潘先生住在另一座楼里，距郑震他们住处很近，有时过来和这些年轻的画家谈谈。

郑震抓住这难得的请教机会。一天晚上，郑震在灯下刻一幅不大的木刻，刻的是一只苍鹰栖息于红叶枝头，潘先生在一边看得很仔细。

郑震乘机请教："潘老，您是画鹰大家，您看看我的这只老鹰画得怎么样？"潘先生看了笑笑说："嗯，鹰画得还不错，是从动物园里写生来的吧？"郑震说："是我以前在动物园玩的时候画的速写稿，您看行吗？"

潘先生说："鹰还可以，姿态也还生动，只是你的背景衬得不好。"

"怎么不好啊？"

"良禽择木而栖，你看过我画的鹰吗？我画鹰不是立在巨石之上就是栖于老松枝上，你这老鹰踩在柔弱的细树枝上，几片红叶，这样就没有气势了。"潘先生说。

郑震听了潘先生指点，消除了那种和师长交谈的拘谨。郑震说："潘先生，您能不能画几笔教教我？"潘先生当时兴致很好，笑笑说："好。"

郑震铺开一张不大的宣纸在桌上请他作画，他坐下来拿起画笔蘸上点墨在纸上只画了一笔便惊讶把笔放下了，他说："哎呀，你这是画水彩画的笔怎么能画中国画呀？"便没有兴致画下去了。

郑震后来回忆说："多少年后，我回想起这一情景，都常常懊悔不已，假如那天能得到潘先生的范画，哪怕只是几笔也是无比珍贵的啊！"

安徽文史馆研究馆员、著名记者潘立纲在《郑震文集》里看到他的这段记述，发自内心赞叹道："郑震这段自我揭短曝光，恰恰展示了他治学严谨、求真求实的精神。这段如实描述才是真正艺术家对艺术、对后生应该的诚挚关爱和认真负责之情，也才是真正的优秀后学者对前辈、对社会必需的虚谨自约与诚实守信之情。"

这一段时间，郑震他们几个年轻画家，抓住难得的机会，有的向潘天

111

中卷

寿先生请教用笔，有的请教章法，潘天寿先生都简要地说出自己的看法。

郑震则向潘先生请教关于中国画的色彩问题，潘先生饶有兴趣地谈起中国画色彩的问题。他说中国画的色彩有自身的民族风格，色彩并不在多而在它的配置特色，例如我们历史上最早出土的陶器上只有红黑两种颜色，这两种色彩在以后的器皿和绘画里常常见到。到了齐白石手中更加巧妙地发挥这两种色彩的魅力，红花黑叶交相使用，便使人感到更为浓郁的民族色彩风格。

他建议郑震在这方面多多学习研究，因为不管什么画种都应该具有自己民族传统的气质。这一番话对后来郑震色彩学的研究探索很有启迪。

1962年，新中国刚刚度过三年困难时期，国民经济实行"调整、巩固、充实、提高"的"八字方针"。在"八字方针"指导下，国民经济发展开始走上良性发展道路，中央在政治、思想和科技、教育、文化等方面也作了一些调整。

对1958年以来"在拔白旗、反右倾、整风整社、民主革命补课运动中批判和处分完全错了和基本错了的党员、干部"，采取简便的办法，认真、迅速地甄别平反，并向被错误批判、处分者赔礼道歉，对被撤职的恢复职务，安排适当工作。此外，还为1957年被错划为"右派分子"的大多数人摘掉"右派分子"帽子。这些重大政治举措，在一定程度上缓解了政治生活和党内外关系中存在的一些紧张状况，为"八字方针"的贯彻落实创造了重要条件。

科技文化工作贯彻"百花齐放、百家争鸣"方针，鼓励各种艺术形式和风格互相竞赛，多样发展，并加强文艺理论和文艺批评工作。1962年4月刘少奇根据周恩来建议，以中央的名义批转中宣部"文艺八条"，提倡文艺题材和风格多样化，反对党包办文艺，文艺界对此欢欣鼓舞。

时代大背景的宽松，带来了郑震创作上的一个繁荣期。纵观1962年他的作品，仅木刻就有近10幅之多，其《抢收》由上海人民美术出版社出版，《林间》《山村》发表于1962年2月5日的《人民日报》，《牧羊女》《市郊的早晨》和水印木刻《水库渔汛》由朵云轩出版，《春潮》《梅山秋色》《公社水库》《水乡晨雾》等木刻参加安徽省美展。

其中木刻《林间》是他60年代的代表作。

林间（黑白木刻，27.5×25㎝，1957年）

黑白木刻《林间》发表后，一时享誉国内外。这幅木刻，画幅不大，只有27.5×25㎝，但在黑白世界中却散发出林间的湿润空气和树木丛中芳草的气息，以大块面的黑白处理表达了一种恬美宁静的意境，呈现出田园诗的情调。近景用刚劲的刀锋刻出挺直的树干，黑与白的对比折射出明暗光线的变化，两个割草的村女一站一坐，望着不远处的牛儿啃草，背景用

113

整块的黑色调处理，右边上方天空下，树丛中是一排徽派马头墙建筑的房屋。农村特有的林间小景，在黑白对比的色彩中洋溢着浓郁的生活气息。

有人说："画面虽利用了西洋技法雕刻，但透露出的是东方审美神韵，这幅作品也定下了他一生的审美基调。"

这话有一定道理，自60年代起，我们发现郑震在他钟爱的木刻世界里，努力探索如何把西方艺术与中国艺术精神逐步结合起来，创作不再是主体对客体的单纯再现，而是主体对客体的再创造升华。

基于这样的探索，《林间》画中的小树和人物，已经不是现实景物的直观再现，也不是指明某种主题的符号，而是融合为一体的意境构成的实境一部分。他展示的是大自然和生活本身的美，是"八字方针"指引下国民经济调整带来的大地复苏。这幅画若与郑震40年代、50年代的创作相比，显然可以看出他在努力追求一种诗意的意境美和情致，即象外之致和画外之意。《林间》标志着郑震审美情趣的重大变化。

同年2月5日发表于《人民日报》的《山村小学》，描写的是山村儿童上学路上的小景：一座大约由祠堂改成的学校坐落在小山顶上，一级一级的石阶从山下弯弯曲曲直到校门，孩子们正拾阶而上去上学。在画中，不仅校门阴影中的砖瓦花饰都刻得毫发毕现，而且孩子们在路上边走边玩的细节也表现得十分逼真。这幅作品尽管刀法细腻，令人击节赞赏，也赢得一定好评，然而和《林间》相比，显然少了一种意蕴和情境。

另一幅《春潮》则似乎透露出国民经济调整所带来的时代信息。"百花齐放、百家争鸣"方针鼓励各种艺术形式和风格互相竞赛，多样发展如春潮一般激荡。要知道，在那个时代，文艺工作者创作的小说、诗歌、音乐等几乎都是应命之作，那个年代是艺术工具论意识形态极盛时代。

郑震有些作品也不例外，但可贵的是，他不愿意违背艺术创作规律。他和鲍加谈过，他认为："作品的神韵来自对艺术意境的追求，更重要的是坦诚地表现艺术家自我蕴藏着的个性、感受，来不得半点的虚假，要以真为骨、以意境显示美。"

我们今天来看当时的这幅作品,丝毫感受不到那个时代政治的烙印色彩,但它又的的确确反映了那个时代的脉搏,这就是郑震的智慧和艺术家良心所在。

郑震自己在录音回忆中也说:

> 这段时候是我创作的小高潮。因为这个时候整个国家形势稍微宽松一点(60年—64年,65年以后就不行了)。因此我创作的《茶山晨曲》《林间》《山村小学》《战地黄花分外香》都是在那个时候。

这一时期郑震木刻创作的视角、题材设计都比较广泛,从宏大的建设工地到百姓的寻常生活,从辽阔的江天景色到乡间的田园一隅,他以艺术家特有的敏感,搜求发掘着生活中无处不在的美,并将这些美的事物尽数收入木刻尺幅之内,基本形成了自己的风格。

此外,这一时期,他对版画中国化的追求又涉及形式,这可以从同期发表的水印木刻《十月》能看出来。这幅画力图追求民族风格,在技法上大胆革新,黑白和明暗的对比性块面处理已不再是他的主要表现手段,却以线条和色彩取得了一种彩墨山水画的效果,版画竟近似于水墨丹青。

应该说,60年代初,是郑震迈入版画领域进行创作的一个转折期,在转折中探索,在探索中转折,在探索转折中逐渐形成了自己木刻世界中鲜明的独特风格和审美趣味。他40年代和50年代初的木刻,模仿痕迹较多,到了这一时期,他的木刻显然和当时古元、李桦等木刻名家质朴、浑厚的风格不同,开始走自己的诗情浓郁、意境恬美、格调清新、诗画交融路子,在当时的画坛上成为卓然独秀的一枝,并由此带来新徽派版画领域的进一步发展和拓宽。

说到风格,郑震这一年在《安徽日报》发表了《试论绘画的独创风格》论文。他在文章里结合自己多年的艺术实践对艺术家的所谓"风格"进行了深层次的探讨和研究。

郑震引用了"风格就是人"这句话，认为风格是艺术家的思想感情和艺术基本特征的总和，是艺术家的个性以及修养等内在因素，通过艺术构思、表现形式和技法等，从而在一系列的作品里的综合体现。

郑震说："我国近代版画艺术所以在国内外都享有很高的声誉，其主要原因，我以为是它既富有与其它任何一国版画艺术所不相同的民族风格，又鲜明地显示了我国人民斗争的各个历史时期的风习，也就是人们常说的时代感和时代风格。在这个共同的风格下，杰出的版画家如古元、彦涵、力群、李桦、黄永玉等，又各自形成了独特面貌。因此，无论如何，不能把我国版画艺术的成就，仅仅归功于版画家们各自掌握了特殊的形式和技法。"

他认为我国近代版画艺术生长在我们民族苦难的30年代里，在党的影响下，在鲁迅先生的扶持下，它一开始就配合了人民的革命斗争，不像当时其它绘画艺术那样或多或少地游离于斗争之外，而是深深地根植在人民斗争的土壤之中。它既富有革命斗争精神，又有中国作风中国气派。

其次，他认为创作风格是和艺术家的个性密切相联系的。艺术家必须付出大量的艰辛的劳动，才能寻觅到和掌握着适合于表现自己个性的某些艺术手法和表现技法。独创风格的形成，是一个画家在艺术修养上成熟了的标志。

纵观60年代初期，郑震不论是在美术创作实践上还是在美术理论上都处于相对的巅峰状态。但是，郑震和大多数文艺工作者一样不谙政治，他们不知道这时政治上极"左"思潮的阴霾已在祖国上空悄然汇聚。国内形势发生变化，当时开始反修，强调阶级斗争为纲，要"年年讲，月月讲，天天讲"。

郑震他们对这些政治不知情，依然激情澎湃，如同他的画作《春潮》

一般，依然在为当时表面的政治环境宽松而喜悦并迈开艺术前进的脚步。

同年，郑震还创作了不少水彩画，与吴东梁、方雪鸪等举办水彩画联展，由安徽人民出版社出版《水彩画小辑》。

十

为配合60年代初的反修形势，中央宣传部分期分批选送一些文艺工作者到北京参加全国文联组织的读书会，每一期一个省大概有3人。

第二期读书会，安徽推选郑震、洪波，还有个著名摄影家卢士付。他们住在故宫旁边的"翠明庄"国务院招待所，全国各地来的人都是当时很有名望的人。郑震所在班的班主任是阳翰笙。第一天报到，郑震和洪波分到一个房间，条件比较好，伙食也非常好。

第一天阳翰笙在报告中说："大家都是全国来的艺术家，但是我们北京条件不好，给大家委屈了，两个人一个房间。对作家和艺术家来讲应该是一人一房间，人家善于思考。"那个时候的政治环境还是很宽松的。

每天上午请一个作家或艺术家来讲课，称"读书专题发言"，不叫讲课。当时有音乐家吕骥、小说家赵树理、戏剧家曹禺等。张光年一讲就是一个上午。到了下午则是分组讨论，晚上看戏。郑震说那一个多月，什么外国电影、国内有代表性的戏剧演出，中央歌舞剧院的，北京人民艺术剧院的，京剧团的，几乎都看遍了。

读书班发了许多内部文件，包括当时苏联作家的所谓修正主义代表性东西，看完后要签个字。

郑震说："一个半月下来，在北京读书班学习期间，开阔了我的眼界，认识了许多人，很有收获。例如天津写相声《买猴》的作者何迟。"

说到读书，安徽美术界的人大都知道，作为一个学者型教授，郑震酷爱读书，他一生中阅读了大量古今中外图书。他常常说，读书就是能在人生的有限时间里，快速掌握浓缩的人类几千年的文化、科技等知识。

鲍加说，郑震驾轻就熟的教学艺术是得益于深厚的文学艺术修养，因为他几十年坚持读书并有着广泛的兴趣爱好。早在40年代初，年轻的郑震就从事过多种与艺术相关的工作，他大量地阅读古今中外的文学名著，并从事过多种样式的文学创作。

他的学生李向伟在《春秋七秩付桃李　诗情万斛寄山川——写在郑震先生从教从艺50年之际》中是这样回忆他的恩师：

> 对于一名自学成才的青年，没有正规的老师与课本，其独自求索的艰难程度是可想而知的。为了充实求知若渴的心灵，年轻的郑震把平时省下的钱和写作所得的微薄稿费几乎全都用来买那种土造纸印刷的书刊。此外，凡是能搜求到的各种文学著作，他都拼命地阅读。从中国古典诗词到现代白话小说，从19世纪俄罗斯的屠格涅夫、托尔斯泰，到美国的海明威、杰克·伦敦，以及法国、英国的文学名著，都成了他的精神佳肴。正是这些文学大师的著作拓展了他的视野，充实了他的心灵，丰富了他的多方面的修养，为日后的艺术创作打下了深厚的基础。直到今天，他仍然保留着这种广泛阅读的习惯，长期订阅着十余种报刊。除了文学、艺术之外，甚至对自然科学方面的知识也有所涉猎。曾经有一段时间，出于对中国古典文学名著《红楼梦》的迷恋，他竟成了红学迷……

（《郑震教授纪念集》，第196页）

郑震读书，涉猎文学、哲学、史学、美学、戏剧、音乐等众多领域，并且均有研究。尤其是对传统的中国古典文学唐诗宋词情有独钟，这在他晚年题画应用的名诗名句中可以佐证。

我们可以浏览一下郑震读过的一些书目，或许能更好地了解这位自学

118

成才的教授。除了上面李向伟所说的名著外，他读过柏拉图的《文艺对话集》，特别喜欢朱光潜的《朱光潜美学文集》《谈美书简二种》《西方美学史》，宗白华的《美学散步》《艺境》，《罗丹艺术论》，《徐悲鸿文集》，李泽厚的《美的历程》等文艺、美学专业方面的书籍；还有《中国文学史》，范文澜的《中国通史简编》等，闲暇时还喜欢读点《射雕英雄传》等通俗武侠小说。

一次，郑震在版画班和学生谈起这个问题，他说，对于学画的人来说，基本功内涵当然主要是指描绘技术的熟练，但绝不止于技法的熟练。一个画家的基本功还应该包括文学基础和其他历史和自然科学知识，以及对其他艺术品种的欣赏能力等。

文化素养，常常被一些初学绘画的人所忽视。但是，文化素养对于学画的影响，不同于学技术那样只要能坚持一段时间练习，就能见出成效，尤其在初学阶段是看不出对绘画的直接效果，因此常常被初学的年轻人所忽视。但忽视文化素养，仅仅重视技术锻炼，最终必将影响到绘画艺术的成就。

一般来说学画在青年时期，聪明禀赋起作用，到了成年时期，则基本功是否扎实起作用。随着年龄的增长和画艺的深化，文化素养就愈来愈明显地起着重要作用了。这种作用将会影响到画作的格调雅俗，境界高低，韵味深浅等。古人说画不好的原因，常常是由于"执笔者所养之不扩充，所览之不纯熟，所经之不众多"。学画的人，如果在成年之后才感悟到自己素养不足，当然可以补救，但是为此就要付出更多的辛苦。因为文化素养的充实也和练习技术一样，需要长期的积累和坚持的韧性。例如仅仅养成读书的习惯，就不是一朝一夕所能做到的，缺乏这种坚持的韧性，很难充实自身的素养。

1963 年，安徽艺术学院撤销，郑震随系并入合肥师范学院成立艺术系，任美术教研室主任，全家住在合肥师范学院后面的宿舍楼二楼最东边。

学院属于本科设置，位于合肥老城区西南角，即现在的中国科技大学校址。夏天过后，他所带的首届版画班已经是大三了。

学院艺术系在秋季招收第一届美术班。这一届学生后来和郑震交往很密切，对安徽美术的发展影响也较大，如刘继潮和章飚等都很出色。

刘继潮，1944年生，安徽合肥人，当代著名美术理论家，安徽省美术家协会副主席，安徽省文艺评论家协会副主席，安徽省美术理论研究会会长，安徽大学艺术学院原院长、教授、硕士生导师。1963年，刘继潮考取了合肥师范学院艺术系，幸运地成为美术专业首届本科学生。

刘继潮在《学者风范的魅力——郑震先生印象散记》一文中记录了第一次见到郑震老师的情景：

120

这一年，是那个时期政治气候最调顺的年份。迎新会上，郑震先生儒雅的风度，结构清晰的面庞，深邃的目光所传递出的艺术信息，令人折服和兴奋，一下子使我们这些莘莘学子似乎感觉到自己的艺术之梦已成现实。

（《郑震教授纪念集》，第192页）

刘继潮对郑震的感情极为深厚，他在同一篇文章里回忆那几年在郑震身边学习的难忘日子：

我至今还保留着由郑震先生批阅过的一张作业。作业的背面有郑震先生用铅笔批的八个字："基调很好，用笔不好。"这条批语简洁、明晰，褒奖和批评均切中要害。任何一个美术专业的学生，体味了这样的评语，对自己下一步该干什么以及如何调整训练的着力点，再不会茫然无措。几经搬迁，学生时期的作业丢失殆尽，剩下这张作业上的铅笔批字，因磨损，已有些模糊，然而它在我心中的分量依然如故。与其说我是保留着一张幼稚的作业，不如说是为了保存郑震先生那八个字。它像铿锵的重锤，在一个艺术学徒的心灵中一直回荡着。三十多年过去了，今天，在我们的美术教育中，还有多少教师能如此尽心静气地批阅学生的一张绘画作业呢？

（《郑震教授纪念集》，第 192 页）

章飚，1942 年生，安徽绩溪县人。安徽省美术家协会主席、国家一级美术师，2002 年 10 月获国家人事部中国书画人才专业委员会颁发的"当代中国画杰出人才奖"。

章飚走进艺术系的经历颇为曲折。他自小痴爱绘画，1961 年想报考合肥师范学院艺术系，但这年艺术系不招生，章飚只得报考中文系。到了 1963 年，郑震来到合师院艺术系，并于当年秋季招生。章飚知道后，拜访了郑震："郑老师，我太喜欢美术了，想转入美术系，不知行不行？"

郑震为他的勇气所感动，说："行。但是你要慎重，有几个问题要考虑在先。一、你要从大三回到大一重新起步。二、你的家庭生活很困难，靠你母亲干农活和绣花支撑，不容易。三、还要找学校领导商量，取得认可才行。"

章飚回答："为了学画，我愿意从大一读起。我母亲也一直支持我。"接着他找到学校领导，说明想法。当时的学校领导很开明，也同意，但也是要求章飚慎重考虑这些问题。就这样，章飚报考了艺术系。在考场上郑震亲自出了一个考题，要章飚即兴创作。章飚画好后，郑震看了，颇为赞许："你的创作能力很强，将来能画出名堂！"就这样，章飚转入艺术系从大一读起。后来的发展，果不出郑震所预料，章飚在版画领域取得了瞩目成就。

他有一幅《乡梦》版画发表刊登后，曾经打动了多少徽州游子！

郑震看到这幅《乡梦》版画，认为能以情感取胜，殊为不易，便情不自禁地写下了几段抒情文字：

> 湛蓝湛蓝的天空，纯净得如泉水过滤一般，黛瓦粉墙的徽派民居，只在画面的下方出现了参差交错的屋顶。墙面略有斑驳，古老的故事在其间隐约成行……屋顶的上方，大片湛蓝的天空衬出一轮大得出奇、光圈毛毛糙糙的圆月……深深的眷恋，温馨的回忆渗透在一个夜凉如水的月明之夜……

> 几十年前，也是这样的一个夜晚，也是这样一轮月亮。斑驳的老屋里，孤灯如豆，一个徽州农妇专注地埋头绘图绣花，丈夫在外经商，挣钱不多，惟一的儿子又那么爱读书。她只好忍着白天田间劳作的疲累，以绣花来增加一点微薄的收入，让儿子能够如愿进学堂……几十年后，那个儿子每忆起这一幕，就泪湿衣襟。他披衣起床，把对母亲的思念一刀一刀刻入画幅，刻成《乡梦》。

（《郑震文集》，第43页）

十一

郑震沿着1962年的艺术轨道，继续在前进中探索。他这时的目光转向了对民族形式研究，以期在继承古典传统文学艺术中有新的开拓。

同时，郑震在教学和创作中一贯坚持搞美术创作和搞文学创作都必须深入群众，善于学习，不仅要向同行学习，还要向不懂行的人学习，听取各方面意见以进行反思、分析、取舍、总结。

"三人行，必有我师焉。"郑震是自学成才，所以非常重视学习别人的长处，汲取营养，不断充实提高自己。从董光昇、周芜到方诗恒和王石岑等，郑震在和这些挚友交往的几十年中，坚持向他们学习，从中得益匪浅。

他1963年创作的套色木刻《老妪解诗》，发表在《安徽文艺》上，认为白居易的"老妪解诗"很能说明上述这一主张。

老妪解诗（套色木刻，39×54cm，1963年）

此外，他创作的木刻《百舸争流》发表于《文艺报》，水印木刻《喜雨》发表于1963年8月19日《人民日报》上。我们仅从这些作品的题目上，就可以感受到当时郑震的创作心情。他认为在1963年，新中国度过了三年最困难时期，"双百"方针得以真正贯彻，在文学艺术领域出现了"百舸争流"的振奋人心的局面，他为之热情歌颂。

其实，一场政治风暴将要来临，只是包括郑震在内的大部分文艺工作者尚蒙在鼓里而已。

同年，郑震还创作了木刻《渡口》发表于《河北美术》，并由安徽人民出版社出版。为了教学需要，他又制作一批教学示范木刻作品。

在这一段时间，郑震对国画也产生了兴趣。王石岑的古典文学、书法、诗词等多种素养都比较深厚，其书法能工能草，文字素养亦颇具功夫。所以二人谈得很是投机，彼此论画谈艺，常常深夜不倦。多少年后，郑震还能记得当时王石岑写给他的一首有关杭州西湖的七绝：

> 破晓莲花别样红，嫣红初出照回塘，
> 山灵似鲜游人意，不遣烟云护六郎。

一天早上，王石岑来到郑震家里，和他谈起自己的学画经历。抗日战争期间，王石岑一家逃到四川嘉陵江畔避难，当小职员谋生，但仍然不忘学习绘画艺术，"三更灯火五更鸡"，王石岑利用一切业余时间学习。他拜当代著名画家黄君璧为师，得到黄先生热忱地悉心传授，长期不懈达九年之久。王石岑回忆昔年学画，每逢周末必步行数十里到黄先生住处求教，有时碰上黄先生有事很晚未归，他便在灯下守候而不去。由于学画的一片虔诚深得黄先生器重，每一次面授都亲自作画以示范一幅画制作的过程，即使是午夜时分也是如此。黄君璧还引荐他向大画家徐悲鸿、张大千等大师求教。

王石岑的"程门立雪"精神，引起郑震共鸣。郑震说起自己也是这样到处求学，辛苦备尝。两人谈得兴起，走到画案边，王石岑首先拿起画笔在宣纸上点了几笔，郑震补上几笔，你来我往，竟然合作成了一幅中国画，郑震取名《风云可测》，王石岑随即落墨题款，这幅作品后来发表于《群众画页》上。

1964年，政治风暴越来越猛烈地吞噬着文艺界。7月，文艺界掀起一股大批判浪潮，一大批小说、电影、戏剧、美术、音乐作品被否定，一大批文艺界代表人物和领导干部被批判。

文艺界的大批判也很快扩展到其他领域。其中最为典型、最有代表意义的是，哲学界批判杨献珍的"合二为一"论，冯定的《平凡的真理》和

《共产主义人生观》；经济学界批判孙冶方的生产价格和企业利润观；史学界批判翦伯赞的"历史主义"，以及农民战争史研究中的"让步政策"论等。

1964年京剧《红灯记》在人民大会堂小剧场演出。演出结束后，毛泽东等领导人上台与演职员亲切握手，合影留念，当时政治嗅觉敏锐的一些人从这一动态中似乎看出了一些端倪。

四清运动在这一年全面铺开，文艺界也卷入这股漩涡里，报刊上出现越来越多的批判文章。从1964年到1966年初，全国的文艺工作者创作的作品，仅从数量上看在明显地减少。郑震也不例外，这一年中，他只有三幅作品问世：一是与鲍加合作《战地黄花分外香》参加全国美术作品展览，发表于《安徽日报》；另外创作的套色版画《喜事》《山乡旅伴》参加安徽省美术作品展览。

1964年，在首届版画班毕业前夕，7个弟子要求老师说几句话。郑震望着自己带的第一届版画学生，感慨良多，似乎有很多话要说，但是面对此时的政治形势，他只叮咛了几句：一、诗歌和绘画一样皆论品质，道德和文章是相提并论的，这是我们民族道德的优良传统。在正确的理论指导之下，对社会生活、自然现象和文学艺术作品的美与丑加以分析、判断，为工农兵服务，为人民大众服务。二、做一个生活中的有心人，养成随时随地观察生活、捕捉形象的职业性习惯。有了丰富的生活积累，对生活有自己的发现，才有可能创作出独创性作品。

到了1965年，正处于创作高峰期的盛年郑震，却连一幅作品也没有创作出来，这传递出一个信息：他已经隐隐约约地感受到一场政治风暴即将来临，他沉默了，只能从报刊和电台上独自关注着这场暴风雨的来临。

1965年5月，对《三家村札记》《燕山夜话》进行批判。作者邓拓、吴晗、廖沫沙被打成"三家村反党集团"。当时邓拓任北京市委书记，史学家吴晗任北京市副市长，廖沫沙任北京市委统战部部长。邓拓、吴晗先后被迫害致死，廖沫沙被长期监禁。中央和地方的一大批老干部和群众也受到株连，先后被打成"三家村黑帮分子""马前卒""小三家村""黑店伙计"等。大搞层层揪、层层抓、追后台，把罪名强加于一般干部、知识分子乃至普通群众。就连给《前线》《北京晚报》写过稿、有过工作来往，甚至家里有一本《前线》杂志的，也免不了要受审查，挨批斗。从山东到云南，从广东到黑龙江，到处揪"三家村""四人店"，甚至远距北京数千里之遥的敦煌也被打成"三家村在敦煌的分店"。

郑震此时到农村参加四清运动，实际上是去接受劳动改造。过了几个月，他回到学校，仍然一如既往地埋头在教学工作中，只是在空隙时，常常独坐沉思。他感到困惑，不知道形势的发展究竟会怎样？作为一个文艺工作者该怎样去创作出优秀的作品？

秋季开学，外语系利用课余时间排练歌剧《江姐》，准备年底在学院元旦联欢上演出。外语系领导知道郑震在戏剧方面是内行，便邀请他担任导演。

在排练中，他给大家一次次地做示范。他对在剧中出演沈养斋角色的贺印生同学说："你要把一个人物演活，就必须分析和把握人物的内心世界动态。你不要把沈养斋演成土财主，他是国民党的高级特务，你要把他阴险狡诈、毒辣狠心的一面表现出来。心里没有那种情感，形象与动作怎么表现出来呢？唱腔怎么反映呢？"

《江姐》的演出在合师院引起轰动，获得一致好评。

贺印生虽是外语系学生，但却十分向往艺术系，常常去郑震家请教。郑震对那些愿意求学的学生，总是很热情。于是，从黑白版画到套色版画，从油印到水印，从木刻的黑、白、灰到点、线、面，以及如何设计画稿，起小样，修改定稿，到上版、刻制、印刷等，他都一一手把手详尽耐心教给贺印生。

一次，郑震把他所有的版画作品展示给贺印生看，并说："北大荒版画讲究印的厚重，油多且厚，富有油画的感觉。而我印制的版画正好相反，讲究油薄，富有水彩画的韵味。"贺印生半个世纪后，对当时这一次谈话依然记忆犹新。

十二

接近年底，国内形势发展确如郑震所担心的一样。1965 年 11 月 10 日，上海《文汇报》刊出姚文元的批判文章《评新编历史剧〈海瑞罢官〉》，捕风捉影地把《海瑞罢官》中所写的《退田》《平冤狱》同"单干风""翻案风"联系在一起。

1966 年 4 月，《人民日报》《红旗》杂志等报刊先后发表《〈海瑞骂皇帝〉和〈海瑞罢官〉是反党反社会主义的大毒草》等文章，进而把皇帝罢了海瑞的官，同庐山会议上撤销了彭德怀职务一事联系在一起，认为《海瑞罢官》是一株毒草。史学界、文艺界、哲学界等社会科学领域开始进行全面的"揭盖子"，对《海瑞罢官》的批判成为发动"文化大革命"的导火线。

6 月 1 日，《人民日报》发表社论《横扫一切牛鬼蛇神》。同日，经毛泽东批准，新华社播发北京大学聂元梓等 7 人写的诬陷攻击北京大学党委和北京市委的一张大字报，向全国广播，从此"文化大革命"政治风暴席卷了全国各个角落。

合师院同全国各地一样，也开始了揪"牛鬼蛇神"的造反运动。随着运动深入，"牛鬼蛇神"的内涵和外延越来越扩大化，从过去的"右派"到"文革"初期的"黑帮""反动学术权威"，很快发展到地、富、反、坏、右等"黑五类"，后来则是走资派、叛徒、特务等，在历次政治运动被打入另册的"反党、反社会主义、反毛泽东思想"分子都划进来。最后蔓延到只要是造反派、当权者不喜欢或认定应打击的对象，无论你出身好不好，是否已做过历史结论，还是说错了一句话，都可以定为"牛鬼蛇神"，"牛鬼蛇神"成为一张无所不包的天罗地网。

郑震身为艺术系美术教研室主任，是安徽版画界的权威，在全国都有影响，当然在劫难逃。有心人当时曾经大约统计了一下，批判郑震的大字报大概有上千张，从艺术系的走廊到校园里的主要路口铺天盖地，在"横扫一切牛鬼蛇神""批判资产阶级反动学术权威"等口号煽动下，造反派口诛笔伐，狂热地批斗郑震，什么"资产阶级反动学术权威""历史反革命""地主阶级的孝子贤孙"等各种帽子一顶顶扣在郑震头上。大字报上竟然有人揭发，郑震是国民党的残余，中央黑线上的人物等，郑震是"罪行累累""十恶不赦"！

有个老师看完大字报，回来跟郑震说："老郑，你看到那大标语了吗？""没有啊，什么事？"那个老师笑起来："小将们要油炸你哎。"

大字报栏上，贴出了郑震木刻作品的印刷品，画旁挂一个放大镜，旁注曰：非此倍数放大镜不能看到，隐藏在画中竟然有"蒋介石万岁！"的反动标语。一时间，现行反革命分子和污辱性大字报一齐压向郑震。

在合师院附中的一些班级，一些无知的学生，手里拿着郑震的《老妪解诗》《茶山晨曲》等木刻作品印刷品，指指点点画面上的丛丛树叶，竟然拼凑出了"打倒毛泽东思想！""蒋介石万岁！宋美龄万岁！"等标语。这些非美术专业学生的创举，今天看来真令人不可思议。

更有甚者，艺术系和附中的一些造反派出于各自目的，涌到郑震家中，把他多年的写生画稿、书籍差不多洗劫一空，把他50年代到60年代的所有水彩画，连盒子都抄走了，一张都没留下，后来也不知去向，木刻刀也被贴上封条，不让郑震进行绘画创作，甚至进行人身迫害。有一些红卫兵，也不知是哪个系的，竟然就在郑震家中一张张翻看郑震历年画作，看得一身劲，忘了抄家，叫人啼笑皆非。

"文革"结束后，有些学生和郑震开玩笑说："郑老，你的那些写生画稿和水彩画，有人都给你保存好好的，不会丢失的。""但财产所有权改变了。"他幽默地笑着答道。

郑震自己在"口述历史"录音中说：

刚开始二十几天，我真给搞糊涂了，搞不懂。大字报好多，白天不能看，又是开会又是闹。我们系里有人说，你若真想看大字报写的什么内容，晚上去，看看到底写的什么。好吧，有一天晚上我就出去看看。这时有学生发现了我，就哄起来了：郑震来了，让他亲自交代这大字报内容是不是真的？人越聚越多，把我围起来了。晚上学生就跟疯了一样，这时学生要我交代，我能承认吗？他们怎么讲我都不吱声。那时还好，学生还没怎么打人，当时党委书记李锐站出来了，他就站在台阶上说："你们把他围着干什么？他要有问题要他自己交代。散了，散了。"结果还有学生不散。李锐说："往后退，往后退！"当时他的讲话还有点用。他叫保卫科科长送我回家。保卫科科长送我回家后，还做我的思想工作，怕我自杀。后来此人担任皖南医学院的保卫处处长，就住在我们家隔壁。这个人不错，当时在困难的时候人家帮过你。

郑震一生看重文人的名节操守，面对无端不实之词，他感到愤懑，对污蔑他的造反派说："我的作品不是毒草！"结果招来的是更猛烈的批判，戴高帽、挂黑牌、进牛棚。

郑震对王蕴瑜说："他们一会说我是反动学术权威，一会说我是不学无术。既然不学无术，又怎么可能是反动学术权威？矛盾，自相矛盾啊。"说这句话的时候，脸上神色是那么无奈和凄然。

有时，郑震也把《毛泽东选集》中有关文章仔细认真地对照学习，但怎么也没有觉得，"资产阶级的反动学术权威"这顶帽子扣在自己头上是合适的。一次，气得实在没办法理解，悲哀中气愤地甩掉桌子上的画笔，发誓再也不画画了。妻子安慰他："揪出的人多呢，又不是你一个，都成"牛鬼蛇神"了，看开些。"

次年，造反派忙着夺权，开始打派系仗，没人管这些"牛鬼蛇神"了。郑震尽管对这场运动不理解，在无可奈何之中，倒也豁达面对，心境逐渐坦然。瞅着空隙，带着孩子们跑到南京、芜湖转了一圈，当起了逍遥派，为的是躲避武斗。

回来后不久，上面把学院里的"牛鬼蛇神"全部集中起来边劳动、边学习，地点就在学校的花房里。冬天花房很暖和，"牛鬼蛇神"们都在里面打草绳，大太阳晒得暖暖和和的。艺术系和其他院系的一些书记、主任一大帮都是"牛鬼蛇神"，大家在里头打草绳，反倒显得快活悠闲。

一天，来了几个红卫兵叫郑震出去，他们把他带到了城里的四牌楼，那里围了很多人在开批斗会。郑震一看，台上挂着牌子的人是赖少其，造反派叫郑震来陪斗的。因为赖少其1960年和郑震一起"炮制"了黄山木刻组画这株大毒草，黄山木刻组画后来被称之为新徽派版画的标志。"打倒赖少其！打倒郑震！"口号声震天撼地，声嘶力竭。赖少其和郑震相视，心照不宣，亦无可奈何。

合师院造反派在批斗走资派的间隙，又搞了个牛棚，把郑震他们关进去，上午劳动，下午在学习班学习，进行思想改造。"文化大革命"时的"牛棚"，是指红卫兵造反派关押、改造、限制"牛鬼蛇神"人身自由的场所，包括办公室、学校、招待所、地下室、农场等地，以交待历史问题、工作问题，是以改造思想为借口的隔离审查、体力劳动、思想批斗等。

院党委书记李锐、宣传部部长王郁昭、教务长宛敏灏等被关进了牛棚，艺术系的总支部书记和王石岑、申茂之、光元鲲和其他系的万绳楠、张涤华、祖保泉、胡澱咸等也关进来了，大概有一百多人。彼此见面时，大家都没想到竟然会在这里重聚！

一间大房子，床是上下铺。书记清早起来，外面的大喇叭开始广播了，他就竖着耳朵听。郑震就问："干什么？""干什么？我听听，今天批斗有没有我，有我的话，少喝点水，怕撒尿。"

郑震回忆说：

> 造反派让我和张涤华抬土，俩人筐里也就1/3的土抬着。一天正抬着，看见前面正在斗外语系的一个女教授，头发剃掉了一半。张涤华一看："老郑啊，我们不要走这条路了，绕远一点吧。不要我们刚走到那儿，顺便把我们也斗一下，搞一下子。"我那时反而觉得轻松下来了，说，好嘞！法不责众，搞那许多人，我们算什么呢？上面都搞到省长，我们也无所谓了。

> （郑震"口述历史"录音）

郑震后来回忆这段日子，长叹道：

> 在这里面通过亲眼目睹许多事情，简直是对人性的泯灭。我们的党委书记，人还是不错的，结果呢，把他搞得好可怜：一搞搞出去斗半天，回来时脸上被墨汁画得不成样子，一塌糊涂。

> （郑震"口述历史"录音）

不过郑震又说，即使在那样的人妖颠倒、黑白不分的岁月里，很多艺术家不屈服，仍然显示出铮铮铁骨和正直的品格。

比如，王石岑一生严谨、宽厚、内敛并带一些传统文人重道德修养的色彩，在那种风雨如磐、人妖颠倒、黑白混淆的环境里，是以沉默自律来应付反复无常的世态。他对那些强词夺理、污蔑造谣的所谓批判，不屑一顾。一次他和郑震两人抬着一筐土，他看看没人，就悄悄地对郑震说：

"老郑，说真的，我对这些无端造谣很厌恶。"郑震叹了一口气说："他们爱怎么批，就怎么批吧。"

光元鲲正直，甚至坦率得有些迂腐。他在"文革"浩劫之中，受到抄家、隔离、游街、强令交待等一系列迫害。有一次造反派把艺术系的"牛鬼蛇神"们集中起来，每人发一张油印的空白表格，要他们交待自己创作了哪些反动黑画，在作品名称、内容、何种毒素等栏目里填写。光元鲲在表格上非常认真地开列他创作的几十幅花鸟画的名称，在有何毒素栏目中全都填写"无毒"二字。造反派看了后说他不老实，对他又是一阵批斗。

1967年年底，造反派又把郑震他们集中到长丰下塘集农村，离合肥五六十里路。这些"牛鬼蛇神"跟革命群众放在一起，革命群众住的比较好，"牛鬼蛇神"则十来个人住在一个房子里，房子里放个尿桶，晚上还把门锁着。

在下塘集的劳动和学校里牛棚劳动不同了，每天日出日落和当地农民一样规规矩矩劳动。郑震很感谢1960年到1962年那一段时间病后的调养恢复，此刻身体状况还不错。当时，郑震对劳动倒很感兴趣，他每天认认真真地劳动，摘棉花、割稻、锄小麦等各种农活都干。

但是艺术系的宋孝武老师却坚持不住了，他比郑震大几岁，搞版画时间比郑震还早，在《抗战八年木刻选》中就有他的版画，他原来就有肺结核病，三十几岁还没结婚，刚刚结婚几年，就赶上"文化大革命"被批斗。

宋孝武老师胆子本来就小，做人本本分分，老老实实，曾经告诉郑震"要油炸你哎"这句话的就是他。现在造反派强迫他劳动，结果病发作，在乡下天天发烧，病情恶化很危险，造反派送他回合肥，要郑震几个人找个东西抬着把他送到火车站。

在路上宋孝武跟郑震说："嘿，老郑哎，你晓得我现在想什么吗？""想什么？""我就想吃两根油条。"那时造反派规定，不准"牛鬼蛇神"自己买东西吃，有钱也不准买吃，郑震他们想买点花生米给宋孝武老师吃都不行。结果，宋孝武到了合肥就死了，丢下个年轻寡妇。

郑震在经历了"文革"初期的不理解和惶恐之后，此刻反倒豁达了，成天认认真真劳动。永铃和他的同学殷肥生去下塘集探视他时，他乐观地说："不要担心，就那么回事了。天天劳动把我锻炼到能挑一担水走一两里路呢，身体反倒结实了。"

过了一段时间，造反派看看实在搞不出什么名堂，对郑震他们管得也就比较松。有的工宣队的代表在台上讲话常常令人哭笑不得，比如说："你们这些知识分子在底下看书，看黄色书籍，什么叫黄色书籍，你以为我不晓得啊，就是过去皇帝看的东西，你们还在看。""牛鬼蛇神"们在下面想笑也不敢笑。

郑震在下塘集时，王蕴瑜带着小焰也在下面搞"斗批改"，郑洪一个人在家里，那时才14岁，小学毕业了却不给他升学，就因为是"牛鬼蛇神"子女。

1968年夏，一天工宣队的人说："这样吧，现在事情基本上也搞清楚了，你们也回家看看吧。"郑震连夜回到合肥，出了车站已经是夜里十二点钟了。火车站离家很远，郑震只好步行回家，走了一个多小时才到家。敲开家门，小洪一个人在家，看到郑震回来了，高兴地问："爸爸，你回来了？"郑震说："我跑饿了，家里还有东西吃啊？""没有啊"。"啊，那你平常吃什么啊？""我平常吃食堂。家里米啊面啊都没有，我从来不买。"

郑震看见地上尽是些脏衣服、脏东西等，可以想象儿子一个人在家是什么样子，有些心酸，但终究回家了，还是开心。

郑震又回到学校，这个时候"文革"运动又有了新的动向，造反派分成P派和G派，只顾忙于所谓的斗私批修，抢班夺权。当然，有时为配合斗走资派，也把郑震他们拉出去批斗一下，但大多时间是在家闲着。不久，学校开始复课闹革命，实际上学生也不像学习的样子，都急于想毕业

133

中卷

分配。

郑震比较清闲，毕竟出于对美术执着的追求，忍不住又拿起画笔，偷偷画起来。这期间，他一般是画画水彩，更多的是画一些人物肖像的油画。他给殷肥生画油画肖像，给贺印生画油画肖像，几十年过去了，殷肥生还一直珍贵地保存着。

贺印生在《清风拂面朗月映心——郑震教授永远活在我心中》一文中缅怀道：

> 郑老留给我的印象最深的是 1968 年 5 月我到校参加毕业分配。他老人家也没什么事，一天就让我到他二楼的宿舍去，说是要给我画一张油画肖像，留作分别纪念。我满心欣喜地去了，他让我放松，自然坐在窗前。他一边和我聊天，一边专心致志地画着。我一点紧张的感觉都没有，十分轻松。经过三个半天，一张栩栩如生的画像出现在我的面前。头发微微翻卷，眼睛炯炯有神地望向前方，似是在憧憬着什么。身着灰色学生装，雪白的衬衫衣口亮亮的嵌在脖子和灰色的制服之间。左脸下巴一笔淡淡的紫白色就把下巴的一个面轻轻地转换过去。一幅大学生肖像画活灵活现地展现在眼前，令我欣喜不已。后来挂在家中，常令高堂老母每每望着画像思念在东北牡丹江工作的儿子而泪流不止。可见郑老画像多么逼真形象而感人至深。

陈国勇与贺印生都是 66 届毕业生，他们原本在 1966 年就应该分配的，由于"文化大革命"缘故，这批学生一直留校闹革命。到了 1968 年 4 月 4 日中共中央、国务院、中央军委、中央文革小组批转黑龙江省"革命委员会"《关于大专院校毕业生毕业分配工作的报告》要求："对大、中、小学一切学龄已到毕业期限的学生，一律及时做出适当安排，做好分配工作。"

1969年，根据省里指示，合肥师范学院撤销，学院宣布一些人要下放。郑震听到这消息，感觉这是脱离政治漩涡的好机会，立刻对王蕴瑜说："我们走哎！而且越快越好，下农村去。"

郑震这时想的是：如果留在学校里，是教书好，还是不教书好？你教也不好，不教也不好。你教得好吧，说你和无产阶级争夺知识分子，教得不好吧，说你怠工，三天两头批你一下。你说面对这种形势怎么教书？不如去乡下。

郑震这个决定在当时无疑是明智的。当时下放有几种方式，其中一种是去"五·七"干校，干校跟城里一样，也是把知识分子集中起来，今天批判，明天学习；然而去农村则是插队落户，是和农民在一起。

10月份，郑震举家下放到淮北利辛县农村。对郑震来说，从城市的"文革"漩涡中被发配到这里，在当时未尝不是因祸得福。

时年，郑震47岁，应该正处于艺术生涯中的盛年之际。

十三

利辛县位于安徽省西北部，这里民风淳朴。郑震被分在李集公社桃园大队，从县里到生产队，大家对郑震的到来都很客气。乡亲们听说从省城来了个大画家，既好奇，又热情。大伙儿没有把他看做是"牛鬼蛇神"和"资产阶级反动学术权威"，生产队还帮郑震一家盖了三间草房，平时按照生产队的社员标准给郑震家里分一点黄豆、山芋等农产品。

安定下来后，郑震暂时远离了城市里无休无止的挂牌和批斗。他走在广袤的淮北平原上，看着田野里的小麦、玉米，望着泥土垒成的院墙和农舍草房，内心感到很轻松。在"开轩面场圃，把酒话桑麻"的农家生活中，他想起陶渊明的诗句："晨兴理荒秽，带月荷锄归。道狭草木长，夕露沾我衣。"他时而和农民一起下田间劳动，休息时和农民闲谈，了解农

135

中卷

村的生活，时而找一同下放的外语系和中文系的老师晚上来家里打麻将。外语系教授赵友廉、合师院附中教师王维春等和他是邻居。赵友廉原来是新华社翻译官，后调到合师院任教。有时，郑震让赵友廉把《福尔摩斯探案集》英文版翻译成中文，晚上在家和几个朋友就一起听赵友廉讲福尔摩斯探案故事。这时郑震的工资照发，农村消费便宜，西瓜一毛钱三斤，鸡卖四毛钱一斤，生活无忧。合肥的一些朋友、学生偶尔来到利辛看望他，他很高兴地说："鄙人具鸡黍，邀君至田家。"临走还风趣地叮嘱来人："待到重阳日，还来就菊花。"可见这时郑震在农村的日子过得很清闲自在。

郑震抓住这难得的清闲时光，沉下心来读书。他把带到乡下去的经过抄家后残存的一些书拿出来，有的是过去看过的，有的是没有看完的，现在都翻出来，每天晚上看一段时间，仔细认真地重新阅读。

此外，女儿小焰开始学画了。郑震用自己独创的一套方法教女儿。这方法就是"目识心记"。所谓"目识心记"法，即在学习美术基础课时，先反复观看示例范画，反复揣摩，做到目识心记。

著名美术理论家刘继潮认为，郑震独创的这一教学方法，应该与当年他在黄山和潘天寿先生相遇那段佳话有内在的关联。当年潘天寿在全面以西方写实绘画的科学方法改造传统绘画的年代，说"不必画速写"，是顶着极左意识形态的重压，毫不妥协地捍卫传统，坚守传统绘画本体之观、"目识心记"的智慧，不选择西方模拟视网膜成像的路径。

郑震自己也说，当年潘天寿先生的话一直刻在他的记忆里，他常常不断揣摩，不断反思，一直想在他的教学中实践探索。现在他在女儿学习美术基础课中，大胆用加强记忆画的训练方法来进行尝试。这种方法结果是：郑小焰创造形的能力特别敏锐，在安徽美术界一时成为美谈。

郑小焰当时才十几岁，学画有天赋，也很用心。冬天淮北平原上大雪纷飞时，她能坐在家门口，从早晨开始，一直到傍晚，画上十几个小时几乎不休息。凭着这样的刻苦，在1977年恢复高考之际，以优异成绩考取了浙江美术学院，两年后又考取了美术专业硕士研究生。

1970年4月初，县文化馆调郑震去帮忙，并且给郑震提供了住房。于是，郑震和王蕴瑜一起来到县城里住下，小洪、小焰因为在乡下中学念书，仍然留在家中。在文化馆搞美术的是郑震的学生，对他格外照顾。在县城文化馆这段时间，郑震很忙碌。文化馆馆长对郑震也热情，经常拉着郑震外出参观，上南京，跑北京去看看展览。年底郑莓临产，王蕴瑜不放心，10月26号专程赶到芜湖县白马中学，把郑莓接到利辛文化馆。11月1日生下一个男孩，取名丹丹，郑震"升级"为外公了。

郑震在给永铃的信中说：

铃儿：

　　正因为久久没有接到你的信，颇以为念。不悉何故之际，收到来信，心始释然。

　　我自去年四月来县，一直在文化馆工作。半年多时间，搞了五个展览会，还有其他工作，有时几乎是废寝忘餐。因为此地是新县，事多人少，各方面工作都需要人，现在县里跟我商量，要我干脆把家都搬到县城里来住。我考虑这样也好，因为我和王姑长期不在农村，家中只有小洪小焰，也不放心。反正我们一时也走不掉，倒不如安心工作一段时间，尽自己的可能为人民做点有益的工作。因为有这样的思想，所以干起活来，身心也比较愉快，虽然有时确实是很忙。

　　王姑一直在搞干宣队，搞"一打三反"运动，目前也把她调来文化馆搞文艺宣传工作。前几天因为出差到阜阳去了。

　　姐姐仍住在这里，她身体很好。坐月子，长得比过去胖了。小男孩特别胖，长得也很好玩，就是要人抱，常常吵人。陈国勇已自东北来此，领导上照顾他，已经把他调回安徽芜湖县工作了，在这个月内，他将去芜湖县报到。这样也好，否则姐姐没人照应。一个人带着孩子，困难是很多的。估计他们约在本月十日左右离此去芜湖。（姐姐已去芜湖了）

你目前的工作是长期的，还是临时性的？目前各地招工者甚多，你最好能设法找一个安定的工作才好。

爸 一月二十日（1971年）

这封信发出不久，一天，馆长找到郑震，无奈地说："老郑，你还是回到乡下去吧。""什么事？""回去吧，以后再讲。"后来才了解到，艺术系里有人写信给利辛县委说郑震这个人是"黑店文艺人物"，因此他不适合在县里搞宣传工作。郑震又回到了桃园。

郑震在艺术创作上，其美学观念一直是："深入到生活漩涡中去，发现可以'入画'的美的事物和美的形象。"他认为美术工作者深入生活，这是一个长期被强调但却没有能够解决好的问题。原来在学校带学生外出写生和搞速写时，也只是浮光掠影式的，很难真正沉下来深入进去，所以套色木刻《老妪解诗》的创作初衷，也是基于这一认识的。

现在，他来到淮北农村生活快两年了，对这里的风土人情已经比较熟悉。这次从文化馆回来，时间比较多，他白天自己一个人在田野里转，一转转个三五里路，看到好的景色就画一些水彩画和速写。他经常去农家，和农民唠叨话家常，捕捉农民生活劳动中的素材。郑震观察事物的洞察力极其敏锐，他善于在平凡的乡村景色中发掘美和诗意。

章飚对他老师这种捕捉美的能力，在《桑榆未晚 红霞满天——略述郑震先生水彩画的艺术特色》中极为赞叹：

我们见其作品，大都以安徽农村最平凡，往往为人们惯见而被忽视的景色作为素材，村头、阡陌、池畔、林间、山泉、小屋……在他

138

的观景取舍和神奇彩笔的组合下，呈现的画面是那么优美、宁静、鲜活。正如欧洲画家马塞尔·普鲁斯特所说："真正的发现之旅不在于发现了新的风景，而在于发现了新的看法。"郑震先生在长期的艺术创作实践中，观察入微、挥洒自如，以炼诗的思维去诠释普通寻常的景色，去策划建构心目中的美景。用这种新颖的眼光去再现生活，就会取得出人意料的艺术效果。

（《郑震教授纪念集》，第 176 页）

有人说，那时淮北是安徽的西伯利亚，荒凉贫瘠，景色也不美。但在郑震眼中，那一望无垠的淮北平原，四季都有奇异的景色，淮北人物形象也比江南人物有特点。他一方面让小焰没事就去农家画农民像，一方面自己也开始构思创作。他发现淮北平原的秋色很奇特，一到秋天，柳树是金黄色，不像南方的柳树叶子，秋风一吹很快就落。这里的柳树枝头的金黄色树叶能保持个把月，远远望去非常美。

郑震把这种独特的淮北秋色收入他的水彩画中，并且以此为素材创作了下放以来的第一张版画《胜似春光》。

《胜似春光》为套色木刻，画幅29×42cm，画面色调极其欢快明丽。画面里，在蓝天白云的映衬下，远望是无际的平原和延伸而去的电线杆，近景是金黄色的柳树，占据了画面五分之三，左边一株秋树上，同样是金黄色树叶丛中点缀着几点红色，公路上人欢马叫，有奔驰的拖拉机，有肩上扛着锄头的农民正在兴奋的交谈。画中意境是那么优美，自然！观之使人深深感到，"不似春光，胜似春光"，原来淮北平原上丰收的景色竟是那么绚丽美好！

胜似春光（套色木刻，29×42cm，1972年）

140

这张套色木刻被送到省城文联，见到的人无不赞赏。当时，严阵已解放出来了，开始在编《安徽文艺》。他看到这张套色木刻，就把它发表在《安徽文艺》上。后来又准备送到博物馆去展览，忽然发现画被人偷走了。严阵急得没法，只好打电话到利辛县委，说："请赶快找到郑震同志，他那张画要展览，赶快送来，省里要用。"

令严阵始料不及的是，他的一个电话，对改变郑震此时在利辛县的处境极为有益。县里领导说，省里这么重视郑震，专门打电话要找他，要他的画，这个人不简单。

类似的事情还发生在农村搞肃清时候，公社有时叫郑震去农村画壁画，还把他当作半劳改的臭老九来用。一次，安徽省委宣传部副部长、文教部部长魏心一到寿县视察，他时任淮北农村肃清总队长，一听说郑震下放在那个公社里，就说："啊，郑震同志在哪个公社里，我去看看他。"结果魏心一亲自来到郑震住处看望。这件事在公社里引起轰动，公社头头们说："上面这么大的人物来看郑震，看来他不是来劳改的，也不是牛鬼蛇神。"结果郑震的处境大为改变。

同期，郑震还创作了另一幅套色木刻《平原春色》。画幅也是29×42cm，深蓝色的天空上流动着片片云霞，田野上远近三组人物活动和拖拉机构成一派春耕景象，画面左侧是满树怒放的雪白色梨花，梨花和天上彩云遥相呼应，洋溢着浓浓的春色。线条刚柔相济，色彩素雅清丽。

初秋，郑震又被调到县里，帮助县文工团排戏并随团去阜阳演出，一直忙到次年初，才回到桃园。回来的路上，正值淮北平原上大雪纷飞，他看到"拥军爱民"的感人一幕，沿路村庄的农民正在铲雪，为解放军物资车队开道，就以此为素材创作了《飞雪迎春》套色木刻。画面上，雪霁天晴，蓝蓝的天空映衬着田野上白茫茫一片，千树万树挂满了冰花，风一吹，雪花在空中起舞，电线上还有一层积雪，色彩明快，一个穿红色上衣的小伙子正在奋力铲雪，整个画面一下子鲜活起来，视觉上极具美感。刀锋既苍劲又柔和，优美的画面中突出主题：飞雪迎春！这幅也发表在《安徽文艺》上。1973年又收录进《安徽美术作品选》第二辑。

飞雪迎春（套色木刻，29×42cm，1972年）

从郑震这一时期的系列套色木刻作品中，我们可以发现，郑震于50年代、60年代初，在对木艺技法、构图探索的基础上，70年代则侧重于对色彩的研究和追求。他的套色版画，呈现出一种既清新又璀璨的色彩格调，含有丰富的光与色。其画面都以重视色彩、精于色彩而见长。

郑震学习水彩和版画几乎是同步的。他曾经下过一番苦功，他后来在教学中一直是强调临摹重要性的。郑震临摹了两千多张英国水彩画的范画，如保罗·桑德比、格尔丁、泰纳、彼得·德·文特、理查德·帕克斯·布·宁敦、约翰·弗雷德里克·路易斯、麦尔维尔等一大批各具独特风格的名家作品，郑震都曾涉足过。

刘继潮认为，他临摹英国水彩画，别人临死了，他临了能用。

郑震尝试把水彩画的色彩格调运用到套色木刻中来，成功地创作了《胜似春光》《飞雪迎春》《平原春色》等作品。我们看到，画中的冷暖色调光感随阴晴雨雾四时变化：有秋日的阳光普照，绚丽辉煌；也有雪天的清丽冷冽，沁人肺腑；更有青翠欲滴、满目春晖的诸多胜境，令人称叹。

在创作闲暇，有时候他也常常想到今后的路该怎么走？在和朋友闲聊时说："现在唯一的遗憾是：今后怎么办？不知道。"好在，既来之，则安之，是郑震对生活一贯的乐观态度。

1973年初，永钤来信，谈到自己从青阳山村回到城里，找不到工作，只能去壮工大队抬大土，很为将来的出路苦恼，他回复说：

铃儿：

你二月初的来信，我竟然在十二号才收到。乡间邮途真是缓慢得惊人，也许由于这场大雪误路的缘故吧。

我正在奇怪，你为什么这么久没来信？接信后，才知道你受到一些挫折，因而心情忧郁的结果。对此，我不想用什么理论来劝慰你，一般的语言也显得无力。但我这样想，生活的道路，原来就是一个曲折艰辛的过程，除了少数幸运儿能在某些时候一帆风顺之外，绝大部分都会遇到这样或那样的险阻。有的人政治上出问题，有的人生活上困苦，有的人为疾病所围，有的人在感情生活上起伏——等等皆然。以我们自己大半生来看，实在是太多了。但面对这一切，一旦遭遇到自己头上，又如何对待呢？是被它压得灰溜溜的抬不起头来而空自嗟叹呢？还是以乐天知命的态度来对待生活呢？我以为还是后者好。因为徒自悲伤，于事无益，只有损伤而已。更何况一个人有一定的历史时期，总是要受到当时的一些客观因素的限制，个人奋斗的力量毕竟是有限的，因而又何必自怨自叹呢？目前这几年，我在乡下僻远农村生活，就是采取了我自以为比较合适的生活态度，只要能解决目前的生活问题，至于将来如何，"船到桥头自然直"吧！

……

我被调到阜阳专区搞临时性工作，已经在这里干了两个多月了，估计这一工作还要继续搞下去，也许要搞到四五月份，想争取在春天去合肥看看你们。

你去和县跑跑也好，老在家闷着，也感到忧郁。

爸　二月十三日（1973年）

这封信是郑震在阜阳地区写的。当时，肖玉磊已经出来工作，在阜阳主持创作，他把郑震调到阜阳来搞美术创作，木刻《接班》以"阜阳地区革命委员会供稿"名义发表于《文艺作品》并在北京展出。

对此，郑震在给永钤3月10日的信中又说：

我们最近忙碌已进入高潮期，因为我们创作了一套版画，经省里审查，给予好评，决定要我们在本月20日以前刻印完工送省转送北京参加展出，因此都在昼夜赶工之中。预计，我们可能在二十四五号一起到合肥去。这次去合肥是公私两便，看看你和大叔叔。

郑震从合肥回来后，5月份，安徽师范大学下了调令要郑震回到安师大艺术系重新任教。但这时，安徽省美协和安徽省文联也想调动郑震。他们对郑震说："老郑，不要去教书了。我们也要你，调动这个事你就不要管了，我们去搞。你不要去报到，我们在上面想办法。"

郑震自己不想回去，经过"文革"折腾也不想教书了。于是由美协和文联出面，派文联秘书长黄龄即原来皖北文艺干校校长到安徽师大去了三次，找时任安徽师范大学党委书记魏心一谈。黄龄和魏是老熟人，魏心一不同意："老黄，你别的事好办，就这个事情我不能让步，我这个艺术系还要办，不办也就无所谓了；办，少不了老郑，我是一定要请他回来教书的。"

144

因为魏心一毕竟原来是省委宣传部部长。黄龄没有办法了，回来对郑震说："啊呀，老郑，麻烦了，胳膊拧不过大腿！他不放。"郑震只好回到安徽师范大学，这时距离下调令已经过去五六个月了。在这几个月中，郑震还相继创作了木刻《夜诊》《淮北之秋》等作品。

郑震先独自回学校办理安家事宜，在安师大西小门边上和陈育德不期相遇。陈育德得知他调回学校，喜出望外，看看时间已临近中午，便拉着郑震到家里吃个便饭，叙谈别后彼此的境遇。

陈育德在《宁静致远 着手成春——郑震先生的艺术境界》一文中回忆说：

　　他还是那样满面春风、谈笑风生，说农村生活虽然很艰苦，却比在学校一天到晚搞"斗批改"要自由些。他每天下地干活，与贫下中农交朋友，观察、体验他们的真实生活、思想情感；在空闲时间，他画了大量的速写和水彩画，将田园风光、社情民意留于笔下；他更为得意的是，抓紧一切时间，阅读了抄家没有拿走的全部书籍，丰富和充实了自己的文化知识积累。在交谈中，他没有一句话是叹苦经、道苦水的，表现出一个真正艺术家超尘脱俗、苦中求乐的审美境界。对于这一段生活境况、心路历程，他后来画过一幅《回忆那严寒的日子》，作了形象生动、富于诗意的概括：冰天雪地，寒风凛冽，渺无人迹，只有一排高高的白杨树顶风冒雪，傲然挺立，其中一株更以其昂霄之姿直指云天，其下有间低矮的农家土屋。这不能不让我们从画中联想到，住在小屋中的艺术家虽生活在冬天，过着严寒的日子，但并未丧失生活的勇气和信心，潜隐地表达了寒冬将尽、大地春回的乐观情怀。

（《郑震教授纪念集》，第172页）

冬季，郑震全家从淮北农村迁回芜湖。郑震在安徽师范大学艺术系任教，此时他51岁，刚过知天命之年。

十四

郑震回到安徽师大，住在师大的东大门平房区，全家挤在一间房里三年多。1976年搬到凤凰山宿舍，有三间平房，左边一间前后隔成画室和卧室，右边一间前后隔开是小洪和小焰卧室，中间是厨房，住处几米外是公共厕所。王石岑戏称郑震住处是"留香居"，并以"留香居"为落款，留下了不少国画精品，尽显文人谐趣和幽默。

郑震和王石岑在"文革"前二人就私交甚笃，在共同经历了"文革"初期的政治风暴后，现在两家又比邻而居。这次劫后重逢，自然都感到分外亲切。王石岑成了郑震家的常客。两个老友论画谈艺常常切磋交流，深夜不倦。

郑震对王石岑评价很高，在《诚朴的人 精湛的画》一文中他认为：

王石岑有着扎实的绘画基本功夫，使他以后的创作得心应手，挥洒自如。在安徽的中国画领域，很长的一段时间里，他的山水画无论在笔墨功力及意境等多方面，可以说在同人之中，无出其右者。我一直坚持这一看法，也得到一些评论家的赞同。

石岑在几十年间，创作了大量的作品，初期画风里仍可以看到乃师的笔墨痕迹。在秀丽之中蕴藏着雄强之气。画面清新自然，绝少造作之风。运笔很老练，几乎在每一笔里，都有着墨色浓淡干湿的微妙变化。刚健丰润二者兼有，画长线如行云流水，短线顿挫多变。因而，他的画不仅是整体浑然，每一个细部也耐得推敲。……他对傅抱石的皴法，李可染的笔墨，都兼取其长并经过自己的汲取用于画作。

（《郑震文集》，第204—205页）

郑震自知命之年开始，在绘画领域里逐渐移情于中国画。他对山水画颖悟本来就非常敏感，在五六十年代年代，也偶作中国画山水小品，戏拟"抱石之法"，竟让同行们讶然，其所画山水出手不凡，几可与傅画乱真。他认为：

其实，每一个出色的画家的成长，几乎都有这种品质，那就是善于学习。他们不仅是在青壮年时期，乃至在老年阶段，常常仍有着对自己永不自满，永不止步的要求，唯其如此才能使自己百尺竿头，取得更高的成就。

（《郑震文集》，第205页）

赠相白同志（国画，40×35cm，20世纪70年代初）

郑震现在能有更多时间和王石岑交流，自然不会放过这难得的学习机会。每逢王石岑来串门，郑震便亲自下厨，炒几个拿手菜，两人举杯小酌。微醺之际，王石岑乘兴挥毫，郑震一边助兴，一边学习，获益良多。

郑震这一幅早期国画，原由光元鲲之子光相白保存，后转赠给杨岸森。此画画面色彩饱满丰富，既有王石岑的笔墨趣味，又具自己独特的色彩天赋，一般的国画家是很难达到郑震的色彩宽度。

王石岑最擅长渲染技法，他的作品画面上湿润柔和，浑然和谐，但又并非俗腻无骨，笔痕多变，隐隐可见，墨分五色，苍润互济。郑震曾向他请教渲染技巧，王石岑说了"无墨而染"四字，一边解释这种细微到几乎难以看出差别的墨色，是在画上反复多次，层层相加，甚至在托裱之后，仍不断加工，使之更为丰富，一边耐心细致地作示范。郑震看他是一笔一笔、一层一层地画，粗看似乎是劳而无功，但完成之后悬在壁上则璀璨夺目，令人叹服。

郑震视石岑为良师益友，他在回忆这一段岁月时深情地说：

> 对于那些曾经点拨、启蒙、无私助我的朋友，至今怀着虔敬的感激之情，铭记难忘。……石岑兄曾与我反复论说有关中国画的基本技法问题。

郑震一生交友无数，对朋友坦诚、直率、谦让、热情，对于有权势的人绝不去巴结，对于弱者则尽力给予帮助。郑震敬重申茂之，认为他是一位理论修养深厚并身怀精湛技艺的画家，认为他的作品在当代是出类拔萃的上品，和50年代誉满画坛的代表性画家于非音相比，亦无逊色之处。

可是在那个极"左"思潮统治文艺的时代，工笔花鸟是一个被冷落忽视的画种，大约就是因为它不能为阶级斗争服务，绝大部分这个画种的画家是"坐冷板凳的"，在冷清寥落的情境中被忽视。申茂之先生正是在此种处境里工作着、生活着，直至凄凉地离开人世，令人惋惜。

在"文革"后期，申茂之虽然仍在上课，但必须小心翼翼，因为身后总有人盯着，如果他的课讲得好，就要在课后派人去学生中"消毒"，以清除其影响；如果效果不好，也会受到无端的责难。有一次他讲解美术史中的一些绘画精品的收藏情况时，不小心说了一句："这些精品，有相当大一部分被运往台湾，有一些被留在大陆。"这句话便惹来了祸端，大字报上墙了，批判会召开了，罪名是"大陆"两个字是台湾蒋家王朝的语言，焉能混用？资产阶级立场，昭然若揭。

申茂之先生老两口住在赭山顶上一间三十年代的平房里，房门漏风，地板摇晃，上山的坡道虽然不是很陡，但距离学校西门口也有几百米之

148

遥，年轻人上坡都有点吃力，何况上了年纪的人。郑震上班时，常常遇到申茂之夫人黄女士拎着菜篮子上山，踽踽独行，有时实在走不动了，坐在路边的石头上喘息。郑震碰上了，就帮她拎起篮子送她上山。到申家每每看到在陋室之中，申茂之正患重病，步履艰难，此情此景，郑震唏嘘神伤。

郑震看到申茂之的艰难处境和健康状况，考虑到花鸟画这样一个深受群众喜爱的画种后继无人，将来一定会出现这方面师资的缺失，曾向领导提出：能不能请领导安排少数同学或青年教师去跟申先生专门进修，使之得到继承，为将来的师资作点储备也是好的。但在那时，郑震的建议也只是知其不可为而为之的说说罢了。

申茂之先生终于在那样恶劣的条件之下，于1976年初溘然去世。艺术系负责人要郑震起草一个讣文，尽管郑震知道，他写的讣文将会招致自身的麻烦，但是郑震仍然本着实事求是的精神，以尊重的态度肯定了申茂之先生的绘画成就和在安徽美术教育中的贡献。讣文写好后，不出郑震所料，上面果然有人大加指责，认为是美化资产阶级知识分子，美化反动学术权威，一面大加删削，一面追查作者。幸好要郑震动笔的系领导人承担了责任，他才算是躲过了又一次被批斗的厄运。

郑震后来提到这件事情，感叹说，一个画家，不论你有多么好的修养，有多么精的技巧，如果你生活的年代没有培养艺术的政策土壤，没有发展艺术的社会条件，空有一身技艺，也只能悄无声息、默默无闻。申茂之的后半生，正是遭遇了这样的命运。

郑震自淮北农村调回安徽师范大学后，担任部分行政工作，忙碌异常，虽然暂时没有上课，但行政上各种杂事，如计划、预算、会议、总结、学习集于一身，忙得不可开交。加上中央外事部门多次催要他的版画出国交流，因此又有新的创作任务。1974年4月初，他带毕业班去皖南歙县僻远山区搞毕业创作，5月初又转赴黄山，中旬再去南陵，可谓马不

149

中卷

停蹄。

　　这一年，郑震只创作了《小水电站》《路口》两幅木刻作品，另外画一些山水国画。这一时期郑震的国画画风明显受到王石岑影响，更多的是注重中国画传统的勾、皴、染等技巧，但画面依然保持了自己清丽淡雅、诗画交融风格，一如他的版画、水彩画一样。特别是在设色上，他开始尝试把水彩画的色彩融汇到国画中。因此郑震的国画技法，既借鉴了王石岑笔墨技法，又在追求传统诗意境界同时，更多的透露出时代气息，他把自己的中国画称之为"新国画"，请董光昇刻了一方"何曾墨守"闲章，以此明志。

　　郑震在教学和自己的实践中一贯重视对传统的继承。他多次强调：

　　　　事实证明，也唯有认真地学习前人的经验成果，把它基本上学到家拿到手之后，才会为自己的风格打下可靠的基础。学习继承的面越广越深，越有可能超越和凌驾前人之上而自知地创造出自己的独特风格来。

　　然而，他又认为谈继承就不能不谈革新，孟子曾经说过："大匠诲人以规矩，不能以巧。"这就是说，只能从师承关系中学到知识的基本规律，但要巧妙地创造，古代的画家们就主张"师心而不蹈迹"。

　　在继承中应该寻找自己的构思，自己的手法和自己的技巧。没有这种勇于突破的独创精神，一味追随，离了拐杖就不能走路，那还谈到什么风格？因袭和摹仿，原来就是个人独创风格的死敌。所以郑震在强调继承中一定要形成自己的风格，创出自己的路子，不能在传统的圈子里亦步亦趋。

　　艺术是个人自身的学识、才华、灵气、经历、修养等升华的结晶。可以说，一个画家在艺术修养上成熟，也就标志着他独创风格的形成。

一个艺术家如果没有自己的风格，即使他的绘画技法再纯熟，临摹古人和他人的作品再形似，跳不出唐宋明清名画家的风格，没有自己的面目，他画出来的东西绝对没有那种震撼读者的神韵。

一部中国山水画的历史，异彩纷呈，风格迥异。固守单一和拒绝丰富不是山水画历史演化的内涵。我们在展览馆里欣赏画展作品时，常常有这样的感觉，那些平庸、缺乏个性和陈陈相因的作品，沉闷得会使人乏味，匆匆走过，不愿停下脚步。如果看到有个性风格的作品，会眼前一亮，感到万绿丛中一点红，驻足欣赏，指点评说。

艺术的魅力就是在于拒绝重复，彰显个性，不断创造。

1975年郑震创作了《愚公岭上春常在》版画作品，这幅作品显然是应制宣传之作，是那个时代"农业学大寨，梯田满山绕"的反映，虽然技法纯熟，色彩丰富，但政治味过浓。他还与王石岑合作了一幅中国画《旧貌换新颜》，发表于《安徽师大学报》上。

1976年初，国内风云变幻，上半年政治气候极为沉闷，"文革"已经十年了还未结束。他常常和几个知心朋友闲谈，流露出忧患意识。

他2月17日在给永钤的信中说：

> 目前，有许多事情使我们不解，但是我总认为，下点功夫做点学问，对人民成为一个有用的人，这就是我的人生观，以为如何？

1976年是震荡的一年，继周恩来逝世之后，唐山发生了大地震，朱德、毛泽东也相继去世，就在人们担忧国家命运之际，10月，传来了以华国锋为首的党中央一举粉碎王洪文、张春桥、江青、姚文元"四人帮"的消息。

这一年，郑震54岁。

下卷

一

　　1977 年初，郑震应《文艺评论》杂志要求，撰写了《鲁迅与木刻艺术》一文，发表在该刊第 1 期。他重温四十多年前鲁迅对新兴木刻艺术的倡导和培育，倍感亲切。当初，郑震就是受了鲁迅先生倡导影响，才走上了木刻艺术这条路。

　　在新兴木刻艺术的提倡上，鲁迅花费了大量精力，在最后几年里，他对新兴木刻的介绍和培育，几乎不遗余力，直到他逝世前十天，还抱病去参观第二届全国木刻联合流动展览会，在会上和木刻青年们谈了许多关于木刻创作和艺术修养问题，并留下了那幅珍贵的最后遗影。

　　郑震在文章里，谈到学习鲁迅关于木刻艺术的精辟论述时，认为必须坚持以下几点：

第一，艺术创作要有坚实的生活基础，不能以意为之，巧媳妇不能做无米之炊，一个木刻艺术工作者应该走到"书斋外面"去，置身于生活的海洋之中。

第二，艺术要大众化。所谓大众化，就是坚持鲁迅主张的既要取"中国旧木"中那种"为大众所看惯的刻法"，又要学习西洋木刻的构图方法，应该注意使观众"能懂而采其合宜者"。

第三，木刻艺术要有地方色彩和民族风格。鲁迅一再强调要创造中国人的特别富有"地方色彩"的作品，要使新兴的木刻艺术具有自己的民族风格。

第四，要练基本功。

翻开郑震《春雨无声·版画作品集》，可以发现他的每幅木刻作品，都是上述理论的实践。他在学习西洋木刻构图、技法的同时，一直坚持追求传统的民族风格，追求中国传统诗画交融的神韵和意境。

郑震艺教兼精，是一个学者型的艺术家、教育家，和他接触过的人，都为他的睿智、勤奋所折服。他的作品大气中透着一种天然灵气和潇洒的书卷气，这得益于他的博学。他知识面宽广，擅版画、水彩画、国画，钟情于中国古典诗词，又有文学、美学、哲学、戏剧和文艺理论等多种修养功底。这些综合修养融汇到他的绘画作品中，便形成了他特有的清幽隽永、诗意灵动的风格，他的画立足于现实生活和大自然。他非常重视绘画境界的营造，追求一种诗意的传达。这是一种超越一般画法之外的艺术追求。

他对中国传统美学有深厚的造诣，能秉承中国传统审美精神。他的画不在形似，而是九方皋相马，妙在"骊黄牝牡之外"，以画中景写出画外意。他是安徽师范大学美学研究室主任，成员有陈育德、冯能保、汪裕雄等人，研究室出版了《审美教育》，他为该书写了序言，由光明日报出版社出版发行。

1978年元月，郑震和王石岑等人参加了安徽省第四届中国人民政治协商会议，这是粉碎"四人帮"后第一次参加省里会议，会议期间见到了鲁彦周、那沙、陈登科等老朋友，劫后重逢，彼此都很高兴。

文化艺术界（23名）

丁玉兰（女）	马数鸣	王文锡	王济美（女）
王澄波（女）	冯林	△冯国佩	△那沙
刘美君（女）	刘静沅	余耘	吕明琴（女）
△陈登科 杨履芳	周桂芳（女）		郑震
△郭立仙（女）	郭合银（女）		徐鸿培
麻彩楼（女）	鲁彦周	韩华琳（女）	锁必琪

1978年《安徽省第四届中国人民政治协商会议简报》

郑震在这一年写了一些美术评论文章，参观了福建、安徽、江西三省版画联展后，感到画展的一个突出特点是："版画家们开始挣脱了'四人帮'强加给他们的精神桎梏，思想解放了，创作题材大大拓宽了。"于是，他写下了《秋日赏画记》（《安徽日报》10月30日），这无疑也是他自己的这一时期的心情告白。

他对待艺术创新，总是给予充分肯定。看到赖少其、师松龄、陶天月、林之耀合作的一幅大型版画《伟大的年代》，他认为："这幅画在充分发挥版画的刀木效果之外，还恰当地吸取了油画的表现方法，强调了光的感觉，使画面增添了跃动的气氛。""他山之石，可以攻玉"，他自己的版画创作也是充分吸收了中国画和水彩画的营养，形成了自己的风格。

这种观点，我们在同期的另一篇《根植于群众之中的花朵》（《安徽日报》6月4日）文章中也可得到印证。他对阜阳地区的剪纸艺术展览评价作如是说：对于剪纸艺术，"有些作者在做着新的探索和尝试，试图吸取西洋绘画的线条组合的形式，也是可喜的"。

到了1979年，郑震从事版画创作和在高校从事美术教育工作已经30余年。全国的高等学校由于"文化大革命"的原因，教学一度中断，现在为适应新形势下高等美术教育的需要，郑震根据自己的教学实践和创作，写下了《版画的基础知识和技法》，由安徽人民出版社出版。这本著作的出版对当时在美术领域中版画的教学工作起了极大的推动作用。

9月，郑震被破格从讲师越级晋升为教授，这是建国以来安徽省高校第一个美术专业教授。他感到艺术之春的气息来得那么浓郁！他为之欣喜，创作激情如火山一样喷发而不可收拾。

他画了一幅《甦新》水彩画表达了这种心情。这幅画还参加了"文革"后的第一届全国水彩、粉画展。在这次画展上，还有一段小插曲，和他中断联系十年的杭州学生张万琪也画了一张水彩画参展，画的题款也是《苏醒》，而且和郑震的画陈列在上下位置。

半个世纪过去了，张万琪已经是当代全国著名画家，中国画院副院长；浙江省水彩画家协会理事；浙江中国花鸟画家协会理事；绍兴市美术家协会副主席；绍兴市文理学院副教授；绍兴中国画院副院长。

对于这段巧合，张万琪在后来的《〈甦新〉和〈苏醒〉——悼念恩师郑震教授》文章中无限深情地如是说：

半个世纪过去了，我的眼前还十分清晰地闪现着郑震老师用那时

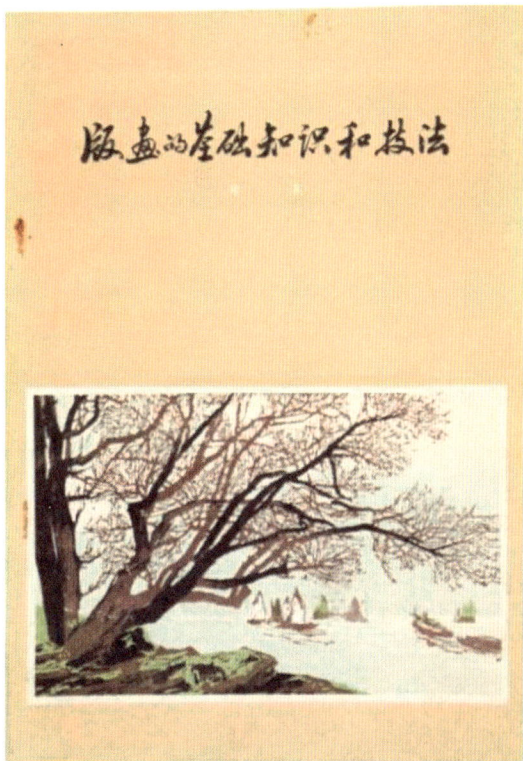

《版画的基础知识和技法》（郑震著）书影

还十分罕见的彩色水笔在我习作上批示的一条条肺腑之言，郑震老师用他那秀丽工整的钢笔行书，回给我的一封封信札。要知道，他当时是安徽师大美术系的教授、系主任，全国知名的版画家和水彩画家，而我仅仅是个爱画爱得发狂的愣头愣脑的还只十几岁的中师生。

（《郑震教授纪念集》，第206页）

不论我以后随着命运的安排从山村小学到乡村中学到中等师范再到大专、本科，甚至出国担任教务，还是埋头自学有幸进入美院学习又出来担任专职美术工作。郑震老师对我身传言教，几十年像盏明灯一样指引着我。

（《郑震教授纪念集》，第207页）

156

十年动乱刚刚过去，不甘寂寞的中国水彩画家，已早早嗅到了改革开放如春天般的气息，不用过多的组织，便按捺不住心头的兴奋，笔端的情思凝成画面的水色喷涌而出，文革后的第一届全国水彩、粉画展览赶在其他大画种前头，率先在杭州举办了。带着入选通知的兴奋，我匆匆从绍兴赶到了杭州展地，直奔自己那张展品，一到画前，我呆住了，我的作品上面，是郑震老师的水彩画《甦新》。画面上一枝久经风霜的老树，站在还布满积雪的旷野上，但已沐浴到春风，枝上绽出了鹅黄的新绿，而我的这幅水彩画《苏醒》，画的也是沉睡压抑不知多少年的柯桥水乡，老屋后面，些微的曙光下，脚手架已经竖起，新大厦已经俯览着古老的宁绍大地……我站在老师的画前，再也抑制不住热泪夺眶而出，老师啊，十年的失散音讯不通，原来我们师生的心一刻也没分离，你的磨难就是我的磨难，你的欢愉就是我的欢愉。你所想的就是我所想的，你要画的就是我想表达的一切……

（《郑震教授纪念集》，第206页）

二

　　70年代末到80年代初，是郑震一生版画创作的鼎盛时期。这一时期的代表作有套色木刻《花里人家》《万木春》《薄暮时分》。

　　《花里人家》，画幅25×45cm，画面流丽，意境优美，刀法娴熟，冷暖色调相得益彰。浅浅的粉紫色藤花盛开着，老藤翩翩，藤绕蔓缠，藤花串串，花气袭人，花和绿色枝叶占去画面二分之一。透过花丛，我们可以看到一河春水，波光粼粼，小河对岸，是掩映在紫藤花丛中的皖南民居。徽派建筑的粉墙黛瓦，在春水中留下诗一般的倒影，渔家女划着一叶小舟，荡起波光粼粼的涟漪。对岸三五成群的村姑儿童，有的似乎正等着小船摆渡，有的背着竹篓去村外。整个乡村沉醉在诗一般的梦境中，整个画面浸透出清新浓郁的东方神韵。

花里人家（套色木刻，25×45cm，1978年）

　　郑震于1978年创作的《万木春》，是以树林为题材，尽情地讴歌了一种蓬勃的、向上的、不屈的生命力。这幅作品，在技法上突出版画自身特性，富于材质感、立体感，但在视觉上却给人是东方的审美效果。画面中，树干顶天立地，沧桑斑驳，几经风雨，依旧矗立挺拔，作为主体的树干，几乎占据了画面一大半，树干上不多的树叶，绿色盎然，欣欣向荣，它似乎折射出郑震这一时期的心情。

万木春（套色木刻，34×48.5cm，1979年）

《薄暮时分》参加了建国30周年全国美展、第六届全国版画展，在日本举办的"中国现代版画展"，被中国美术馆收藏；1979年发表于《美术》第8期，1980年又被《画刊》创刊号等多家美术杂志转载，特别是参加了在巴黎举办的"中国五十年版画展"。

在70—80年代期间，能参加法国巴黎沙龙画展是很不容易的。闭关锁国多年，在打到"四人帮"之后这是第一次出席由西方国家举办的最高规格的展览。全国遴选了141幅作品（包括油画、国画、水彩、版画、雕塑等），其中选了郑震的《薄暮时分》和《老树春深》两张套色版画。

在以后的岁月里，人们只要评价郑震的艺术成就，就一定要谈到《薄暮时分》这幅作品。《薄暮时分》画幅34.5×48.5cm，以"艺境"取胜，它追求的是一种自然和谐、刚柔兼济、神韵悠远的艺术境界，着眼于继承和弘扬民族优秀艺术传统，但传递的却是强烈的现代气息。前面说过，郑震知识面宽广，有文学、美学、哲学、戏剧和文艺理论等多种修养，这种综合修养在他的力作套色木刻《薄暮时分》中得到了充分的凝练和升华。

在创作《花里人家》《万木春》《薄暮时分》之前，郑震曾经无数次深入皖南地区写生，走访山乡村落，搜集素材，从黄山到西递、宏村，从桃花潭到采石矶头，他几乎踏遍了皖南的山山水水。《薄暮时分》正是画家在观察中捕捉到的一个美丽的瞬间：远景是暗蓝色的天空，显得宁静深远；近景是一株株老树，金黄璀璨的夕晖洒满了那参天直立的树干和树叶，树干背阴面用赭色点染，似乎要刺破天空中黄色的云霄。画面最下面是错落的具有皖南特色的徽派房屋，在薄暮中呈现粉红色。村民正走在马头墙边的路上，有骑自行车的，有牵着放学的儿童，有交头接耳的，有的正跨进院门里，神态各异，一派薄暮晚归景象。

最令人叫绝的是，在粉墙黛瓦上空，有数不清的鸟儿飞翔，使人仿佛能听到归鸟晚噪之音。翔鸟有疏有密，有远有近，既继承了中国传统艺术中处理疏密布局的章法，即"密不透风、疏可跑马"，又汲取了西画的焦点透视、光影的明暗向背技法。

在中国古典诗词中，夕阳下的归鸟，往往被用来营造一种幽怨凄冷的意象，但在郑震的木刻刀下，却表现出一种抒情、明朗的优美风貌。归鸟的点缀，使得整个画面气韵生动。它是通过版画的特色效果，来表现中国画传统的抒情写意审美意趣。刚劲刀法突出了树干的挺拔，色彩的绚丽衬出了晚霞的璀璨，人物的动感体现了时代的节奏。如果没有纯熟的技法，没有深厚的文学功底，没有对生活深入细致的观察，没有对大自然的热爱，没有那种宽阔的胸怀和情操，是难以达到如此神形兼备、情景交融的艺术境界。

薄暮时分（套色木刻，34.5×48.5cm，1979年）

三

　　1979年10月，郑震作为安徽美术界的代表去北京参加了第四届全国文代会。第四次文代会是一个里程碑，它标志着中国文艺进入了一个新时期，它是一个转折点，它埋葬了文艺界的"文化大革命"肆虐时期。

　　叶剑英、邓小平、李先念等国家领导人出席了会议。

　　对于这次文代会，郑震感到很受鼓舞，对有的事情印象很深：

　　在谈到文艺标准时，小平同志指出："雄伟和细腻，严肃和诙谐，抒情和哲理，只要能够使人们得到教育和启发，得到娱乐和美的享受，都应当在我们的文艺园地里占有自己的位置。"（《邓小平文选》第二卷，第210页）

　　周扬在报告中检讨了过去领导思想中存在"左"的倾向，如对《武训传》批判，对红楼梦研究批判，反右运动中对一些文学艺术作品和文学艺术家的批判伤害了一些同志。他说："在对待学术上一些问题，简单化、庸俗化的毛病，以致助长了理论上和创作上的公式化、概念化倾向，产生了粗暴批评，损害了艺术民主。这个教训是极其深刻的，我们应该引以为训。"

会议间隙，他见到了一些老朋友，如力群、李桦和天津的陈天然等，谈起"文革"的彼此遭遇，不胜唏嘘。大家对这次文代会都寄予了无限希望。

从北京回来后，他又带着学生去三峡、庐山等地写生。这一年，郑震已经57岁了。

郑震把自己的一生都奉献给了安徽美术教育事业。在几十年辛勤耕耘中，他为安徽美术界培养了大批创作骨干和一茬又一茬美术教学以及创作人才。他对学生的感情甚至比对自己的子女还深厚些，他一生爱才、惜才、重才，总希望弟子们出去能传承、发展，有所成就。

在这些学生中，有章飚、朱曙征、易振生、张在元、关学礼、万腾卿六人获得过中国版画家协会颁发的50—60年代以及80—90年代的"鲁迅版画奖"。

还有1977年、1978年考入艺术系的学生中，很多走出校门后都成为美术界的中坚力量。如李向伟，著名艺术教育家，南京师范大学美术学院院长、教授、博士研究生导师；武忠平，曾任安徽美术出版社社长；巫俊，是著名油画家，现任合肥工业大学教授、硕导，安徽省美术家协会副主席，中国油画协会理事，安徽省油画艺委会主任；光向白，是著名花鸟画家等。

郑震虽然爱才、惜才，但他认为才德相比，德则为先。他反对那种就艺术论艺术甚至将艺术教学仅仅理解为单纯技术传授的狭隘观点。他一贯主张"教书"与"育人"密不可分。郑震认为艺术是人的生命形式与情感结晶，所以必须从更深层次的本质意义上来把握艺术教学规律。在教学中他强调与学生的心灵交流，并把它看成是对学生的整体人格的全面塑造。

针对美术界出现的一些不良思潮，郑震以一个美术教育家的良知呼吁：

人，讲究人品；国，讲究国格。诗歌绘画皆论品质，道德文章相提并论。有那么一些人缺少了职业道德，文有文抄公，画有画抄家，将别人成功的作品拿来改头换面，此有之；从优秀的摄影作品"移植"过来为我所用，此有之。

某些画家为了急于求成或急于求售，就采取了多种钻营的方法，譬如到处请人捧场，以抬高身价，去争名次、争稿酬、争展览规格，因为会员资格可以成为资本，当了主席、理事能使自己的画大幅升值等。

某些编辑，写画家的评介文章，也有此种现象，年长者誉之为"宝刀不老"，年轻些则称作"新秀脱颖"。看得懂的被说成是继承传统、民族风格，看不懂的又被称为"不拘一格，大胆创新"。

艺术作品的优秀与否，中外古今都证明只能有两个条件：一条是人民的选择，另一条是时间的筛选。靠吹、靠捧，决不能使一副劣画点石成金的。清代一位诗人教育他的儿子说："莫贱于无守"，对没有操守的人，鄙之为市侩，一位真正的封建文人，尚且如此，难道我们不应该认真地讲究点"画德"吗？

这一年，郑震还与柳新生联合举办水彩画展，在合肥、南通、福州等地展出。

1980年，郑震担任安徽师范大学艺术系主任，行政、教学虽然一肩挑，但是他的创作脚步并没有停下来。

这一年，他的木刻《工地的傍晚》先后发表于3月21日《工人日报》和7月18日《人民日报》；套色木刻《在早春的园林里》《淮北冬至》发表于《安徽日报》《劲草》等。

其中，套色木刻《桃花潭水》系列、《神女峰下》影响较大，深受读者喜爱。

在创作《桃花潭水》系列之前，郑震曾经无数次来过泾县。

桃花潭位于安徽省泾县境内太平湖畔，潭面宽阔，潭西岸怪石拔地而起，层岩陡峭，临潭峙立，形似龙盘虎踞。"层岩衍曲，回湍清深"，"清泠皎洁，烟波无际"。峭岩上古藤缀拂，烟雾缭绕，朝阳夕晕，山光水色，尤显旖旎。"千尺潭光九里烟，桃花如雨柳如绵"。潭东岸，有东园古渡，系汪伦踏歌送别李白处。

郑震多次来到此处，面对潭光山色，总会想起清代文人袁枚在《随园诗话》中所记载的一段掌故：唐玄宗年间，泾川豪士汪伦听说大诗人李白旅居南陵叔父李冰阳家，欣喜万分，遂修书一封曰："先生好游乎？此地有十里桃花；先生好酒乎？这里有万家酒店。"李白欣然而来，汪伦便据实以告："桃花者，实为潭名；万家者，乃店主姓万。"李白听后大笑不止，并不以为忤，反而被汪伦的盛情所感动。适逢桃花盛开，潭水深碧，清澈晶莹，翠峦倒映，李白与汪伦诗酒唱和，流连忘返。临别时在踏歌古岸，李白写下《赠汪伦》这首千古绝唱，于是桃花潭也随之扬名。

郑震自幼就熟背此诗，极喜欢李白诗中的情意和意境。1980年再次来到桃花潭踏歌阁渡头处感受，回来后一口气创作一组两张《桃花潭水》套色木刻系列作品，发表在《艺潭》试刊号上。

《桃花潭水》系列之一，突出表现的是"送"。画面中，陡峭的层岩临潭峙立，峭岩占据了画面的五分之四多，显得陡峭，险峻，雄伟。峭岩上右侧是点点桃花，和右下方的两树潭边怒放的桃花相呼应，峭岩上左侧是一排典型的徽派民居，马头墙，粉墙黛瓦，突出泾县的皖南特色。画的下面是清澈的桃花潭，一叶扁舟上，二人正执手依依话别。

《桃花潭水》系列之二和前一张背景构图一样，峭岩、民居、桃花、潭水，只是依依话别的场面换成了扁舟在水面上悠悠行驶，划船的船工仰望着高高的峭壁，似乎在聆听岸上的歌声。

此情此景，正是李白赠汪伦诗中的意境：

李白乘舟将欲行，忽闻岸上踏歌声。

桃花潭水深千尺，不及汪伦送我情。

两幅画设色与郑震以前的套色木刻设色有明显区别，在《花里人家》《胜似春光》等作品中，设色绚丽明朗，是典型的西画特点，完全是用各种颜色来表现的，特别讲究色彩的调配，要求色彩丰富协调，强调环境与色彩变化互相映衬，不强调固有本色。中国画以水墨为本，用不同浓淡的墨色来表现山水画神韵，设色讲究透明感，质朴、淡雅，要求彩墨协调富有韵味。

郑震从70年代初，就开始探索中国山水画。他在《桃花潭水》系列创作设色时，显然受了中国山水画传统色调的影响，追求淡雅清丽，尤其是系列之二，山岩用螺青色，突出山石线条，力图求得中国画中的透明感效果，又不失去版画中刀木趣味。应该说，这组画成功地借鉴了中西两个画种的设色特点，用西画很好地表现了李诗主题，符合中国人传统的审美功能。

桃花潭水之一（套色木刻，34.5×48cm，1980年）

桃花潭水之二（套色木刻，22×35cm，1980年）

另一幅套色木刻《神女峰下》发表于《版画》第2期。

神女天下峰，为巫山十二峰之最，素有望霞峰、美人峰、仙女峰之称。古人有"峰峦上主云霄，山脚直插江中"之说，泰、华、衡、庐，皆无此奇。神女峰峰顶云烟缭绕，江水奔腾湍急，因其绰约多姿，宛若少女、萦绕着飘渺云烟及其神秘浪漫的神话传说，吸引了历代无数文人墨客为其留下了灿若繁星的诗篇。屈原的吟咏，宋玉的遐想，李白的寻觅，刘禹锡的留恋，元稹的比照，苏轼的怅望，陆游的感慨，及至当代伟人的浪漫勾画、当代诗人舒婷的深情呼唤……"锦衾瑶席何寂寂，楚王神女徒盈盈"。

历代诗人的不绝咏唱，与浩浩长江一道，形成了环绕神女峰奔腾流淌的另一条文化江河，绵延不息，代代相传。郑震对长江三峡情有独钟。

《神女峰下》，画幅34×48cm。近景是陡峭山岩，峡江急流，刀锋凌厉刚劲。江上点点白帆。远景是秀丽群山，云雾萦绕，左上方一峰宛若一个美丽的少女，亭亭玉立于云霞之中，像披上一层薄纱似的，脉脉含情。且为朝云，暮为行雨。设色淡雅，用刀偏柔，画面飘逸，以突神女峰的妩媚动人，风姿绰约。

看郑震这幅套色木刻，你会感到古人所言不虚："过巫山凝真观，谒妙用真人祠。真人，即世所谓巫山神女也。祠正对巫山，峰峦上入霄汉，山脚直插江中……惟神女峰最为纤丽奇峭，宜为仙真所托。"（宋陆游《入蜀记》卷六）

《神女峰下》和《花里人家》一道参加了中国版画家协会成立的作品展览。

神女峰下（套色木刻，34×48cm，1980年）

1980年，郑震当选为中国版画家协会理事。

这一年他创作了木刻《在小河边》，寄了一张给老友力群。力群是国内著名版画家，系中国现代版画开拓者、奠基人之一，他是郑震20世纪40年代在西安认识的老朋友。力群收到郑震的这幅木刻，很高兴，在回信中说：

郑震同志：

你好！寄来之《在小河边》已收到，信也收到。你的套色木刻，在国内来说，水平也是颇高的。这幅《在小河边》很抒情，色调很美。你把平凡的生活搞成了诗的意境，希望今后能看到你更多的佳作。

给你寄上我的《林间》一幅，请指教。

过数日我即去沈阳，因我的个展本月十日在沈阳开幕。八月份在

长春，九月份在哈尔滨。我顺便也在东北长白山等地画些速写。我还
一直没去过东北呢。

祝夏安！

力群

7月4日

在小河边（套色木刻，22×35cm，1981年）

作为安徽高等美术教育的奠基人，郑震从当年踏上这块贫瘠园地开始
拓荒，已经耕耘30多年了，为国家培养出一批又一批优秀的美术教育人才
和创作骨干。但是在长期的高等师范艺术教育实践中，他深感师资缺乏，
特别是美术专业史论方面的师资人才。因此周芜对于中国美术史论研究，
引起郑震的极大兴趣。

周芜先后写出了《徽版画史论集》《中国版画史图录》《中国现代版画
与民间年画》等著作。

郑震撰文回忆：

> 那几年里他几乎跑遍了国内著名的图书馆，收集资料数量之多是惊人的。据对此有研究的同志告诉我，他是继西谛（郑振铎）先生在这一领域做出丰硕成果之后的仅有的专家。而且在占有资料的数量、质量方面，均有过之。
>
> （《郑震文集》，第250页）

为此，郑震在这一年写了一篇论文《高等师范艺术教育中的几个问题》，呼吁要下决心去重视培养这方面的专业人才。

此外，他时刻关注着安徽美术事业的发展，20世纪60年代安庆地区出现了第一批木刻作品，就引起郑震极大关注。这批作者当时都是20岁左右的小青年，作品也还带着不成熟的稚气，但是郑震撰文《一枝独秀——谈安庆版画》给予热情的鼓励支持：

> 那股跃动的生气，探求的精神和无畏的闯劲，已经显示出可贵的艺术气质了。
>
> （《郑震文集》，第5页）

> 作者年轻，作品富有青春的活力，敢于追求自己的艺术风格，我以为这就是安庆版画艺术之所以方兴未艾的原因。如果给他们再好一点的创作条件，使他们能把更多的精力用在进修上，坚持练习，扩大视野，提高艺术修养，那么他们的才华，将会更为显目。
>
> （《郑震文集》，第6页）

1980年文章中的预言，不久就变成现实。几年后，安庆版画便以强烈的独特个性，大胆的创新精神崛起于全国版画界。他们以特有的审美取向，不同的形式语言，开拓版画本体语言的探索，心胸开阔，关注时代，关注人生，关注人与自然、人与环境、人与社会的和谐，从而引人注目。其中范竞达的版画《织》在1986年获全国第二届青年美展三等奖。2002年《生命的主题》，则夺得第十六届全国版画展金奖。

2011年，当安庆举办《安庆版画五十年回顾展》时，郑震80岁高龄亲自到场，为开幕式剪彩讲话。

四

80年代是郑震从事艺术生涯的第二个黄金时期。这一时期，他虽已迈入花甲之年，但仍以汩汩才思与旺盛精力，创作了一批新的版画作品，写了很多美术评论，并且开始转入中国画创作与研究。

版画方面：

1981年发表于《新观察》第11期上的套色木刻《翠雨江南》，颇能体现他几十年的艺术风格，即把传统美学的意境与生活情趣相互交融。这幅套色木刻，画面清幽隽永，构图潇洒流畅，表现了江南恬静、优美的风情，蕴含着浓郁的诗意。

翠雨江南（套色木刻，23.5×34cm，1980年）

此外《村前》发表于3月13日《安徽日报》，木刻《山乡小景》发表于4月26日《西安晚报》。这一年他还参加了由中国美术家协会组织的"水彩画七人展"。

1981年初李桦（当代著名版画家）来信说：

郑震同志：

中国中央电视台与日本的一个电视代表团继去年合拍《丝绸之路》后，今年又合拍一部《长江》连续纪录片，并计划明年出一种《中日合拍长江电视纪录片纪念月历》。内容全用版画，反映长江流域的名胜风景，约我们组稿，我们已答应了。我们以为所需版画连封面只十三幅，不公开征稿了，只特约十三位版画家创作，水印油印都可，色彩贵鲜明饱满，现特约你参加。

已特约的作者：黄丕谟、吴俊发、程勉、李焕民、吴凡、郑震、赵宗藻、陈天然、古元、彦涵、李桦。北京三人的选题已定，古元选庐山，彦涵选太湖、李桦选三峡。

　　专此布达，盼复。即颂

春安

李桦

一九八一年二月九日

　　郑震选题是马鞍山的采石矶。采石矶历来为长江流域名胜，与南京燕子矶、岳阳城陵矶并称"长江三大名矶"，位于安徽省马鞍山市西南5公里处的长江东岸，南接著名米乡芜湖，北连六朝古都南京，峭壁千寻，突兀江流，历史悠久，名胜众多，素有"千古一秀"之美誉。

　　郑震来到采石矶。站在江边，想起古往今来有多少文人名士，如白居易、王安石、苏东坡、陆游、文天祥等都曾来此题诗咏唱，特别是唐代大诗人李白在这里饮酒赋诗，相传最后因醉酒赴水中捉月而淹死，更增添了神秘的色彩。郑震多次来过采石矶游览、写生，此刻眺望着山下的万里长江，滚滚东去。创作的激情不可抑制，便创作了这幅套色木刻《采石矶》。

　　这幅画，构图新颖，色调鲜明饱满。为突出主题，采石矶占据画面近五分之四，深蓝色的江面上点点白帆映衬着墨绿色的采石矶，粉墙黛瓦的徽派民居掩映在山顶绿树丛中，游客行走在陡峭的山路上。刚劲的直线条刻出了峭壁千丈，细腻的曲线条刻出了盛开的白色梨花，整个画面清幽隽永，千古一秀的江南胜景，如诗一般呈现在欣赏者面前。

　　郑震把《采石矶》寄到北京，李桦回信说："刻印都精到，诚佳作也。"1981年还参加了第七届全国版画展，由四川美术家协会收藏。

郑震同志：

　　来札及采石矶和三峡都收到，勿念。刻印都精到，诚佳作也。拟采选用那幅，由中央广播局决定。专此奉复，即候

　　春安

李桦

四月十日

采石矶（套色木刻，30.5×40cm，1981年）

　　这一时期，郑震写了不少美术评论。其中，《刀法小论》发表于《安徽美术通讯》第1期，后来收入《郑震文集》时，易名为《木艺漫笔》。

这篇文章是他从事几十年版画创作经验的总结，他自己说："摸索木艺多年，于握刀斩木之中，观摩学习之际，看书读画之后，思索回味之余，常有所感，乃散记之。"

郑震认为，摆在版画家面前的课题，既要探索线条艺术的共同规律，从遗产宝库中取法，向其他艺术形式借鉴，又要重视练习"铁笔"自身的独特性。要学会运刀的多样性，如推、挑、摇、顿、刮等多样的刻法，再加上对木质硬度、纹理顺逆的熟悉，才能够使刀法产生互不重复的丰富无比的变化。

郑震重点谈到了刀法在实践中要敢于创造：

  我们常见的刀法单调，只会那么几种刻法，或者是一味追随名家不敢逾越雷池，因而作品的艺术感染效果，就大大降低了。在手法上，都是似曾相识，还有什么新颖的创造可言？《新观察》1981年第11期上，发表了陈延的《看电影》，这幅版画在刀法运用上，刀味和形象塑造结合得确有自己的创造，给人以新颖的、美的艺术享受。这幅成功的作品，很能说明刀法和造型的关系，仅墨守于形而不求刀，则版画趣味不浓，如求刀而舍形，则刀味无所依附，也不是我们所赞赏的。属实也好、变形装饰也好，刀法的基本规律，也应是多样统一的原则使之刚柔相济，虚实相生，刀法所追求的目的，也仍然是具有版画特色的形神兼备吧。

             （《郑震文集》，第119页）

1982年，郑震已迈入花甲之年。但是他的才思还是那么汩汩不绝，精力似乎更旺盛。正如高飞所说：

  1979到1988年是中国文学艺术事业的又一个繁荣期。在这段时间里，年逾六旬的郑震先生焕发出青年人一般的朝气，以充沛的精力与激情再度投入大自然的怀抱，从造化中汲取创作的灵感。他登庐山，过三峡，上海岛，探石窟，徜徉于神州大地的灵山秀水间，饱游饫看，创作出又一批精彩的版画、水彩画作品。

（《郑震教授纪念集》，"弁言"第1页）

郑震从70年代开始已经创作与研究中国画了，80年代迈入花甲之年后，重心渐渐从版画向国画转移，这可能与年纪大了有关，因为握刀斩木是需要力气的。1982年，他创作的中国画《雁背夕阳红欲暮》参加安徽省美术作品展，《石钟山》《采石》由中国长江航运局收藏，同时为吴敬梓纪念馆创作吴敬梓诗意中国画一幅。

1983年郑震加入了中国共产党。

套色木刻《老树春深》《翠雨江南》参加南斯拉夫第15届世界版画展，《老树春深》还入选在日本举办的中国现代版画展览，《秋林曲》参加第八届全国版画展，《桃花溪畔》发表于南京艺术学院学报《艺苑》杂志。1984年，木刻《粼粼水乡》参加第六届全国美展。此外《晚晴》《春在杏花梢》《月出东山》《饮马》等相继问世，这些作品至今仍脍炙人口，为人们所珍藏喜爱。

这一时期典型代表作是《黄山晨曦》。

在《黄山晨曦》中，他以纤细描绘了刚劲，以妩媚装扮了壮丽，以秀雅孕育了豪放，以阴柔之美凝聚了阳刚之气，艺术的辩证法在这里完美地化为诗意的现实，这使郑震的艺术创作达到了前所未有的高度。

黄山晨曦（套色木刻，34.5×53cm，1983年）

顾祖钊教授在《江淮壮其志　潇洒揽日月——评郑震先生的木刻艺术》一文中对这幅木刻赞叹不已：

　　黄山，是中国名山的骄傲，也是中国画家的永恒主题。但是，敢以木板刻出黄山神韵的版画家，无疑，郑震是绝无仅有的第一人。《黄山晨曦》不论从技法上还是从意境上，都达到版画中国化的最高境界，但它又并没失去版画自己的特殊风味。这幅画以多层次套板的（七层）方法，对黄山作了多彩的描绘，技法的高超和意境秀逸都让人赞叹不已。第一层是前景，它以黑色和墨绿表现眼前峭石奇树，黄山松以铁画似的效果迎面而立，意在展示其蓊郁秀逸和挺拔之气；次一层是近景，又以深绿色染其苍山秀树，怪石奇峰，再歌黄山的秀美；第三层是中景，才是画家要着力渲染的主峰。它像一堵墙一样占去了画面中心位置，横卧于云海之上，矗立于群峰之巅，上下绝壁千尺，峰巅破框而出，犹有一股豪放飘逸之气冲天而起。它虽有横空出世的气概，却无硕大笨拙的缺憾，何故？原来画家早用充满生命感的青绿色涂满山体，使其通体滴翠，秀色可餐。此画几乎不用明暗，全用线条以国画式的皴法勾勒出石之嶙峋、峦之岐增和峰之嵯峨。经过这样的铺排，画家意犹未尽，于是又用金色的朝霞为主峰披金挂彩，更添主峰的妩媚与妖娆。这样，再辅以透明的远山、迷人的晨曦和彩带一样的山岚雾气……就把黄山那千岩竞秀、万峰峥嵘的壮观，妩媚而壮丽地展现在你的眼前了。这无疑是一幅中国画坛难得的佳作，郑震绘画史上的高峰。更是他长期追求木刻艺术中国化的结晶。

（《郑震教授纪念集》，第185页）

　　《黄山晨曦》展示的是民族传统的意境审美观。它在继承中国古代木刻工艺线描和设色基础上，融合中国山水画的技法和取材角度，根据新的时代精神和要求，形成了新的版画技法、新的审美表现方式和新的审美价值取向。这是郑震先生对中国版画艺术最有价值的贡献。正如顾祖钊教授所说：在这里，画家不再以再现生活为己任，而是试图为自己、为大众寻找一片宁静的灵魂和诗意栖居之地。它不再是现实中的黄山，而是画家主体生命意识的物化，慰藉人类心灵的精神家园。

　　1983年冬天，方诗恒先生去世，郑震闻讯不胜悲痛。他在参加了"方诗恒遗作展"后，专门为《安徽日报》写了一篇纪念方诗恒的文章《烛光的闪烁——方诗恒遗作展》，以怀念老友。郑震在文章中深情地回忆道：

　　　　方诗恒先生，在安徽美术界和教育界，以其画艺和教学活动的杰出而著称，是一位有着广泛影响的画家。……遗憾的是在他的一生当中，在风雨泥泞的人生路上艰难地跋涉着，正在壮年有为之际，被卷入20世纪50年代中后期那场残酷的政治风暴里去，二十多年漫长的岁月，过着被侮辱和被损害的日子。直到1979年，在"拨乱反正"的光照之下，才得以回到教育岗位，而此时他已是两鬓飞霜过了花甲之年了。正当他晚年欣逢盛世处在夕阳无限好的时候，却只重新工作四年之久，便匆匆地走完了他生命的旅程，只给后人留下为数不多的精湛作品，还有一些未曾来得及加工整理的素材……多少年之后，每当我走过他逝世的那间空溢溢的教室，仿佛看见他当年勤奋不倦挥毫作画，精品挂满墙壁，琳琅满目，墨汁未干，往事如烟浮现眼前。

……

至今，我仍然能回忆起和他最后告别时的情景。我因事出差去安庆，临行前我去看他，因为我听说他在体检时查出血压不稳，因此劝他多多留意，不要过度劳累，他却不以为然地回答我说：不要紧的，我只要多喝点开水就没有事了，这学期还有最后的一两周课没上完，等上完了，我再去检查检查。第二天，我便去安庆了，谁能料想得到，就在当天晚上，我便接到学校打来的长途电话，说方诗恒先生就在昨夜去世了，在他一个人独居的教室里走了。悄无声息，没有人知道，早晨人们发现他躺在床上，他的手电筒还亮着……

（《郑震文集》，第252页）

这一年，郑震去山东济南参加中国美术家协会代表大会，被推选为中国美协理事。木刻《老树春深》入选在日本举办的中国现代版画展览。

郑震在繁忙的教学行政工作和版画创作之余，还画了不少水彩画。1984年，郑震受国家教委委托负责主编《全国高等师范院校美术专业水彩画教材》，此书出版后很受欢迎。他的水彩画素以优美、宁静、鲜活见长，在画坛上享有很高声誉。他观察入微，挥洒自如，以炼诗的思维去诠释普通寻常景色，去策划建构心目中的美景。

章飚先生在《桑榆未晚 红霞满天——略述郑震先生水彩画的艺术特色》一文中认为：

在郑震先生的系列水彩画作品中，我们还发现了色彩的变幻莫测，这些色彩使作品格调更为清新。有秋日的阳光普照、煦丽辉煌，也有雪天的清丽冷冽、沁人肺腑，更有青翠欲滴、满目春晖的诸多胜境，令人过目难忘。幅幅画面，均突现出作者所创造的随阴晴雨雾四时变化不同而又统一在各类冷暖色调微妙变化的精心布局。静谧、和谐成为一个不可分割的整体。使观者不禁叹为此景只有天上才会有的梦幻般的世界！

（《郑震教授纪念集》，第 176—177 页）

郑震创作的水彩画《石钟山的早晨》《太白楼之秋》在科威特、孟加拉国展出，水彩画《山乡的黄昏》《石钟山小景》在合肥参加安徽水彩水粉画展，与王大仁、张易生水彩画联展 1985 年在江西南昌展出等以及另外两幅参加五省一市水彩画展览。早在 20 世纪 40 年代，郑震就开始了对水彩画的爱好和研习，几乎是与版画创作同步。

郑震画的多是水彩风景画，这是水彩画中的一个非常重要的题材，同时也代表了水彩画的绘画风格。水彩风景有个很重要的特点就是注重写生，通过画家对光线、色彩、空气、景色的主观构造，从而构成新颖灵巧、色彩明亮、格调清新、用笔流畅的风景作品。

郑震的水彩风景画，独具一格。水彩画与其他绘画比较起来，水彩画相当注重表现技法。水彩画画法通常分"干画法"和"湿画法"两种。在画法上郑震大多是干湿并用。他特别善于运用水分，利用水分在画面上渗化、流动、蒸发的特性，来达到意想不到的效果。一次，他在武汉的一间房子屋檐下画水彩画，外面下起了雨，屋檐下的水有几滴溅在画面上，晕染开来，效果很奇特，这给了他启发。他在教学中和学生谈到掌握水在水彩画中运用，要熟悉"水性"，要充分发挥水的作用，同时还应注意时

179

下卷

间、空气的干湿度和画纸的吸水程度等。

　　郑震水彩画作品，取材都有一个共同点，就是善于在平凡的乡村景色中发掘美和诗意。他在长期的艺术创作实践中，观察入微，无论是版画、水彩还是国画，他都能挥洒自如，用新颖的眼光去再现生活，取得出人意料的艺术效果。他的很多水彩画作品，大都以安徽农村最平凡的往往为人们惯见而被忽视的景色作为素材，村头、阡陌、池畔、林间、山泉、小屋等，在他的观景取舍和神奇彩笔的组合下，呈现的画面是那么优美、宁静、鲜活。

　　郑震对于色彩的运用在同行中最为人赞许。纵观郑震水彩画，你会惊叹他对于色彩的掌握是那么得心应手！其格调清新明丽。有秋日的阳光普照，绚丽辉煌；也有雪天的清丽冷冽，沁人肺腑；更有青翠欲滴、满目春晖的诸多胜境，令人过目难忘。

　　章飚谈到老师水彩画时说：

　　　　纵观郑震先生的水彩篇章，已将版画的统筹设置、水墨的潇洒氤氲、戏曲的精典凝炼熔为一炉，创造出郑震风格的当代水彩画图式，并达到了苏轼提出的"诗中有画，画中有诗"的艺术境界。

　　　　　　　　　　　　　　　　　（章飚：《郑震水彩画作品集》序）

江水和船（水彩，25.5×35.5cm，1974年）

雾里山峦（水彩，43×61.5cm，1994年）

下卷

1984年，郑震受委托，代表安徽省高校招收第一批美术硕士研究生，这是安徽省第一个美术硕士点。在安徽的美术教育史上，培养美术硕士研究生原来一直是一个空白点。

第一批只招了三名版画专业研究生：李向伟、武忠平、郑小焰。这三人都有坚实的美术学专业理论基础和熟练的绘画技术，在郑震悉心指导下，他们学习研究了当代艺术创作实践，传统版画和现代版画的技法研究与实践，版画艺术创作、中西美术比较研究，西方现当代艺术思潮专题研究，中西绘画比较研究和美术批评原理，等等。

李向伟回忆说，在教学中，先生注重进行因材施教，常常就身边极平凡的一事一物，引发出深刻的哲理。凡是亲聆过郑震先生教诲的人，似乎都有一个共同感觉，那就是他思维敏捷，学识广博，在论述一个问题时，旁征博引，再加上他多年亲历的艺术实践经验与生动诙谐的表达方式，往往能给人以深刻的印象，使得那些看似复杂的课题迎刃而解。郑震以自己的作品为范例，为他们讲解示范，在倡导理论联系实际的学风方面起到了相当的作用。

李向伟感受颇深的是，先生十分注意发现青年学生各个不同的禀赋个性，善于随时、随地、随机进行因材施教，常常就身边极平凡的一事一物，借题发挥，引发出深刻的哲理。他尤其重视课堂之外的师生交流，学生们往往能从他那纵古论今、触类旁通的"闲聊"中，学到教科书上无法学到的知识，体悟到"假传万卷经，真传一句话"的道理。

另一方面，在担任师大艺术系主任及硕士研究生导师期间，他曾不止一次地大声疾呼，要警惕艺术学科中普遍忽视理论教学的倾向，一再强调要多读书，多涉猎一些与艺术相关的其他领域的知识，如此才能提高自身的艺术境界与人格修养。尤其难能可贵的是，郑震先生虽身为人师，却十分善于向自己的学生学习。他常常将学生的作业挂在墙上，细心观摩，虚心吸取其可取之处。这或许也是他多年来一直葆有清新思维的原因之一。

郑震的艺术创作始终与教学实践相伴，二者的良性互动与交相融汇，使得他的学术生涯形成了自己的鲜明特色。恰如他在自己画集的《后记》中所言：

> 我对艺术教学与创作实践二者之间的相辅相成关系有所体会：创作实践过程中的每一个环节，都丰富而生动地成为教学内容。舍此，艺术教学只能成为单调的技术、技巧传授。从这个意义上说，我的版画、水彩画和中国画作品是从事高等美术教育几十年来业余为之的产品，亦是我几乎倾一生之心血投入艺术探索的结晶。

三年后，郑震所带的安徽第一届三名美术研究生完成了学业，他们后来在省内外美术界都不负师望，各有建树。

李向伟1987年从安徽师范大学美术系研究生班毕业后，同年受美协选派赴斯里兰卡共和国，为斯里兰卡共和国司法部绘制大型壁画两幅，受到斯里兰卡共和国领导人高度赞誉。2001年调入南京师范大学美术学院，历任教授、院长、博士生导师。现为全国艺术硕士专业学位（MFA）教育指导委员会委员，江苏省美术家协会副主席，南京徐悲鸿纪念馆馆长，曾获全国最佳首日封最佳设计奖和"鲁艺杯"全国大奖赛铜奖。

武忠平1986年在攻读研究生期间，其版画《雪山之子》便入选第七届全国美术作品展、第九届全国版画作品展。1989年获中国美术家协会、中国版画家协会颁发的"中国优秀版画创作"奖章，现任安徽美术出版社社长、编审、《书画世界》主编，安徽省高级人民法院知识产权咨询专家，中国美术家协会会员，中国版画家协会会员，安徽省美术家协会设计艺术委员会常务副主任。其编辑的水彩连环画《祭龙日》（丛书之一）1993年获中国文化部、广播电视部、国家新闻出版总署联合颁发的"第二届全国少儿读物"一等奖。《徽州文化全书》（20卷）封面设计2007年获首届中国出版政府奖提名奖，2009年获安徽省政府图书奖一等奖。《中国原创新漫画·三国演义》（20卷）封面设计2009年获全国第七届书籍装帧优秀设计奖等。

郑小焰毕业后任南京大学出版社美术编辑室主任。作品《青春》获中国第六届粉画展铜奖；色粉画《水边》《鸽子》分别参加1986年、1989年全国美展并获奖，《古巷》《织女》参加中国现代版画展。版画《芬芳小店》《春之歌》《风》《风筝》《水乡》等入选全国美展，后来移民去了加拿大。

1985年5月，在中国美术家协会第四届理事会上，郑震和鲍加当选为理事。

1986年，郑震的木刻《翠雨江南》《在小河边》收入《中国现代版画家新作选》。

1987年9月间郑震在访问保加利亚等国期间，沿途画了许多风景写生，并举办展览。90年代初，又相继在马来西亚、意大利、德国、韩国、美国等国展出。

郑震在保加利亚（1987年9月）

此外，他的中国画作品在广州展出；主编的《高等师范院校水彩画教材》，由漓江出版社；应邀去绍兴讲学；在合肥参观了朱白亭画展，并欣然写下了《观朱白亭从教四十年画展》一文发表于《安徽日报》。

郑震借助这篇文章表达了自己的一些看法：

（1）教师的辛苦耕耘像一枝红烛，要有奉献精神，他虽然发出不太耀眼的光芒，却照亮了别人，朱白亭就是这样一枝红烛。

（2）针对时下美术界一些人不尊重传统艺术，以怪异贫乏、矫揉造作故作惊人的画风而哗众取宠，不以为然，因此郑震很推重朱白亭的勤奋好学、严谨厚实的传统画风。

1988年，《鲍加画集》出版，郑震为他的画册写了《才华·思考·勤奋的结晶——〈鲍加画集〉序言》一文。鲍加在80年代曾经数度出访欧亚，以一个油画家的眼光饱赏了世界绘画精粹。

鲍加回国后，曾经数次和郑震谈起他在出访欧亚期间，认真考察研究了现代艺术的源流和趋向，认为画家应该从更广阔的背景思考当代艺术领域中存在的问题。郑震很有同感，在为老友画册出版写的《序言》中，专门谈了这个话题。郑震认为在80年代中，鲍加就一直试图从中选择一种同步发展的艺术语言，认识到在今后的探索中，既不能抛离本土文化中有生命的各种因素，又要重视现代西方绘画种种创造所给予我们的有益启示。

他认为在80年代后，鲍加是以新的美学观点重新审视古老的题材；以现代手法与写实技巧互补，尊重客观又强化了主题意识。《激流》和《大漠千里》是鲍加力图突破而跃向新的里程的前奏。

这一年，郑震回到合肥，参加了安徽省美术家协会的换届大会。会上鲍加当选为美协主席，他当选为副主席。会后，在返回芜湖途中他遭遇了一场车祸，所幸只摔断两根肋骨。在医院里，朋友们去看望他的时候，他还是那么乐观淡定，依然如故，谈笑风生。他说："没什么大了不起，马克思还不欢迎我！"

1990年，安徽省电视台拍、播郑震的专题片《老树凛秋色愈浓》；安徽省美术家协会美术理论研究会成立，郑震任会长；安徽省美术家协会为他颁发了"功劳杯"奖；简历被收入《中国当代名人录》。

1992年，郑震迎来70岁生辰，孩子们为他举办了寿宴

1994年秋，72岁的郑震退休了，但仍受聘担任安徽师范大学艺术学院名誉院长。

退休后第二年即1996年，郑震荣获中国版画家协会颁发的"鲁迅版画奖"，这是当时国内版画界的最高荣誉了，当年安徽就他和赖少其获此殊荣。

此时，尽管郑震已经迈入古稀之年，但他仍然以极大的热情在他所钟情的艺术领域里耕耘着。他对别人说："我们搞画画的，一天不画一点，就感觉不自在。这也是活到老，学到老吧。"

186

1996年8月，郑震的挚友王石岑去世，郑震十分悲痛。还是在4月份，郑震在合肥开会时，因身体不适，住进安医附院。得知王石岑当时住在医院对面的女儿家，几天后郑震叫永钤揽着他来到王石岑住处看望老友。王石岑坐在病床上，非常憔悴，见到老朋友到来很激动。含着眼泪用颤抖的手紧紧地握住郑震，久久无语，其情其景，令人唏嘘而潸然泪下。

郑震后来在《诚朴的人　精湛的画》一文中，深情地怀念这位相交四十多年的朋友：

石岑的最后几年里，为疾病所困扰，难以握笔，未能给我们留下更多的好作品，他心犹未甘，我每次去合肥探视他，他都因为自己不能再画而流下痛苦的眼泪。这使我感到很大的遗憾。他生前，不曾举办过一次个人画展，不曾出版过一本画集，相对于目前画界里某些画人，只要有钱，不论作品质量如何，一本又一本的豪华画册出现在市场上，以自我宣扬的现象，更加使我怀念这位对安徽国画有出色贡

献、德艺双馨的画家了。

（《郑震文集》，第 209 页）

这一年 10 月，由安徽省文学艺术界联合会、安徽师范大学、安徽省美术家协会、安徽省书画院、安徽师范大学艺术学院美术系、安徽省徐悲鸿教育基金会、合肥市书画院和安庆市书画院联合主办，泾县小岭宣纸厂协办的"郑震教授从教从艺 50 年美术作品展览暨学术研讨会"，于 1996 年 10 月 22 日至 23 日在合肥隆重举行。

10 月 22 日上午，"郑震教授美术作品展"于合肥-久留米友好美术馆隆重举行。展览展出了郑震教授从教从艺 50 年来的版画、水彩画、中国画近百幅作品，受到各界高度赞赏，10 月 22 日下午至 23 日"郑震教授从教从艺 50 年美术作品展览暨学术研讨会"在合肥举行，全省各地美术家、美术理论家等出席研讨会。与会代表认为，这次研讨郑震教授从教从艺 50 年美术作品展览暨学术活动，对安徽的现代美术和美术教育的发展都具有历史和现实的意义。

1996 年 8 月《安徽美术家》杂志出版的一期"郑震教授艺术研究专刊"，发表了郑震教授各个时期创作的作品和一组研究郑震教授艺术的文章。

187

下卷

《安徽美术家》1996年8月号第10页

五

　　郑震毕生是搞版画、水彩画的，现在搞中国画，特地请董光昇刻了一方"铁笔之余"印章，其中寓意，显而易见。因为在20世纪90年代后期，郑震创作的重心完全转移到中国画上了。

　　郑震绘画，主张师法自然。他很欣赏石涛艺术创作的纲领："搜尽奇峰打草稿。"1997年，尽管已经是75岁高龄，郑震依然带着画夹和友人多次去采风、写生，游历长江三峡和皖南山水，创作出《故山春暖柳含烟》《山中春雨过》《巫山暮色》等大量山水国画作品。

　　看过郑震的水墨山水画，都强烈地感受到，他善于创造气韵风姿，把自然界的神韵升华为情态之美。

　　鲍加在《华彩诗情　弥久逾馨》这篇文章中说：

晚年他致力于中国画创作，乐此不倦，产量颇丰。他的水墨画的特点是汲取了版画、水彩画的技法，在传统基础上注重写生，布局、构图大都是平凡生活中探求美的启示，用笔率意洒脱、神韵秀逸、清新柔和、格调雅致。他喜欢描绘疏密有致的坚挺树干、青翠欲滴的丛林、星星点点的野花和飞溅的瀑布、清澈的溪流，透出一种生命的温润和谐，呈现出天宇澄明、山川如绣的意境，予人一种柔情似水的悠闲感，既呈新意又是他晚年心境的反映。

（《郑震教授纪念集》，第165页）

郭因评价郑震国画风格曰：

在安徽近现代及当代的既是画家又是美术教授的行列中，我最喜欢汪采白和郑震的艺术风格。如果说，汪采白的艺术风格是菠菜烧豆腐，那么，郑震的艺术风格不妨说是青椒炒竹笋。汪采白与郑震两个人的作品有一种共同的清丽雅洁的基本艺术风格，但汪采白的作品似乎软了一点、柔了一点、薄了一点，而郑震的作品则清丽中富有峻峭与坚韧，雅洁中寓有刚劲与厚重，而且有的作品还似乎有点儿使人兴奋的辛辣。画如其人。无论是在生活中或是在艺术欣赏中，我是喜欢青椒炒竹笋多于菠菜烧豆腐的。

（《郑震教授纪念集》，第167页）

下卷

郑震的国画色彩丰富，讲究光感，显然是吸收了水彩画成分，像《红杏梢头寒食雨》《新安暮泊》那种带色的晕染，都有水彩画技法的运用。至于他的国画中还有一些强烈的黑白对比，如《我言秋日胜春朝》中的黑白映衬和表现树干的墨色条纹，则又是吸收了版画与书法元素。

郑震认为，艺境贵在创新，最忌依傍他人；笔墨当随时代，不可趋炎附势，不能泥古不化，以描摹物象绝似的画工为能事，更不能随大流、依俗套，将自己的作品作为图解标语口号、政治观念的工具和手段。陈育德先生认为，郑震是一位特立独行、坚守艺术信念和创作规律的艺术家，是以"仰不愧于天地，俯不怍于人"的人生态度对待艺术创作的。郑震请仃桥先生为自己制作一方"我之有我自有我在"印章，很能说明郑震的艺术观点。

陈育德评价郑震的国画是：

　　画中有诗，情寄于景。画家主观情感与客观事物景色在画中有机地融合交织，妙趣自然。在《绿叶如诗锦绣春》《春韵》等水墨画里，我们看到春光明媚、朝气蓬勃、欣欣向荣的气象，油然而生如登春台、如沐春风、如听春歌的欣喜之感。在《秋林曲》《淮北的秋色》《湖光山色共争秋》里，我们体味到尽林尽染、春华秋实、万木霜天红烂漫、不似春光胜似春光的诗情美趣。

（《新安画派论坛》2011年第3期）

2000年7月份，小焰一家去了加拿大定居。几个月后，王蕴瑜感觉身体不适，检查发现已经是癌症晚期。望着老伴日益憔悴消瘦的面庞，郑震感到心力交瘁，却无可奈何。只能拖着疲惫的身体每天在医院陪伴着王蕴瑜。第二年2月9日，王蕴瑜溘然长逝，葬在芜湖回然园陵园。在葬礼上，郑震老泪纵横，用颤抖的手献上一束鲜花，凝视着墓碑上镶嵌王蕴瑜的照片，照片中的妻子还是那么笑容灿烂。郑震想起很多往事，整整半个世纪了，是王蕴瑜陪伴他一路走来，风雨并肩，相濡以沫，现在就这么撒手西去，不禁悲从中来，久久地坐在墓碑旁石阶上，黯然无语。

这一年，郑震画画很少，坐在山上新村的小楼窗前，常常有一种孤独感。想起和王蕴瑜相依为命的情景，还想起陆续离去的一些故友，如光元鲲、方诗恒、王石岑等人，每每心绪不佳。

郑震从事美术教育长达近60年，弟子三千，桃李天涯。凡是郑震教过的学生，对他都怀有一种深深的敬仰和爱戴。他的学生中已有多人在省、地、市各级艺术专业岗位上担任着专业骨干或领导职务。令人欣慰的是，这些当年的学生至今也都没有忘记先生教诲，并与先生保持着长期的联系与真挚的友情。

　　2002年12月26日至30日，郑震和他的学生叶森槐、刘继潮在屯溪老街黄山书画院举办了中国画三人联展，展览是由安徽省美术家协会、安徽师范大学美术学院、黄山书画院、安徽大学艺术系联合主办的。郭因为展览写了《序言》。

　　在《序言》中，郭因说：

　　　　老师郑震，由版画而国画，由美术而美学，游泳艺洋学海数十年，其作品沁人心脾的意境，动人心弦的美，充分显示了作者技巧的精湛功力的深厚，整体素养的高超。

　　　　郑震、叶森槐、刘继潮三位当代杰出画家，就以其各自的作品给人展示各各不同的美。

　　郑震晚年，因为耳聋，和人电话联系不便，喜欢书信联系，尤其和鲍加、刘继潮等通信较多。

　　从2003年到2013年这十年中，郑震和刘继潮来往信函就有150多封。1994年，郑震在给刘继潮的信中就有这种感觉，他说：

　　　　读到你前次信中谈到的，你与王涛在鲍老处论画一事，十分羡慕，我在芜湖很难找到这样的机会和同道者，因为这里的同志，大多与我年岁悬殊，而且喜欢探讨理论者也不多，故在专业上，我常有一种孤独感。（5月3日）

这一段时间里，我在生活上倒比较平静，但在情绪上却有一种孤独感，因而在作画上也陷入低谷，不想动，只想轻松文字读读。这里所说的孤独，并不是指门前冷落而言（日常客人倒经常不断），是说心境不佳，思索一下，恐主要原因是此间能谈得来的同行不多。……因此很少涉及这方面的相互交流和研讨，这就是身居闹市，处在人群中，却常常泛起孤独感的主要原因了。不久前郭因兄来信，问我是否有迁回合肥居住之意，此事我一度时间曾向鲍老谈及，他估计恐难度甚大，我也就打消了这个念头。如今郭老之信，再度引起思绪，主要并非眷念合肥那方土地，而是想常常和老朋友们在一起"奇文共赏，疑义与析"也。（1994年12月末）

192

郑震给刘继潮写的152封信，刘继潮一直珍藏着。在郑震去世后，继潮见信如见师，一封封按时间顺序整理并且打印成电子稿，发给郑莓保存：

郑莓你好！

我是万分幸运的学生，遇到郑震老师这样真心诚意关心、鼓励、扶持我的长者。郑老对我20世纪90年代至21世纪前10年的学术研究的关注和支持，全倾注在他写给我的信文中。在整理郑老的信件时，我一次次地被他的关爱的文字所感动。郑老离去，是我人生与学术研究的最大损失。

读到林木先生发给我的短信："祝继潮老师大作获理论评奖银奖。"拙著《游观——中国古典绘画空间本体诠释》获得国家级美术最高奖——中国美术奖的二等奖，我第一个想告诉的人是郑震老师。但，再也无法与老人家作文字交流了。我也不再书写纸质信函了。

刘继潮　2015.2.5

郑震虽身为老师，却十分善于向自己的学生学习，在为《易振生画集》写的序里说：

"几十年来，我和振生亦师亦友地相处，交往甚密，曾经不止一次地在一起切磋创作。记得有一年，在一次展览会上同时并列展出了他和我的作品。他的作品拓印之精致，装饰之考究，使我惊叹不已，相形之下，我对自己的作品就漫不经心和草率了，这是我切实体会到教学相长这个成语的真谛。从那他那里我学到了不少有益的东西。"

现任安徽美术家协会副主席、著名版画家班苓在《温馨的回忆》一文中深情回忆恩师时说：

时间久远……但是他那热情、率真、话锋锐利、思维睿智的学者形象留存在我的脑海中，时间荏苒，却历历在目。……我创作了《十二生肖》，作品问世便得到郑震先生的鼓励，他为此写了《童趣与智慧的创造——简评班苓的十二生肖》，每每复习先生的评判，总是一种激励，总能感受他俯身轻声的叮咛。从郑先生这种平实中肯、寄期望并鼓励的文章中，我读懂了一位老艺术家对于后辈的温馨、细致、婉约而绵长的深情关怀，激励着我们后来者去探索一座座的艺术之峰。"

（《郑震教授纪念集》，第204—205页）

章飚说：

德高望重的郑震先生是安徽新徽派版画的开拓者和奠基人之一。早在上世纪四十年代，就参加了以宋庆龄为名誉主席的中华全国木刻家协会，开始了近一个甲子的版画创作历程，诞生了百余幅享誉中国画坛的版画精品。

郑震先生又是安徽美术高等教育的一位拓荒者。从1949年始，一直从事高等院校美术专业的教学工作，勤恳工作数十年，教书育人，为安徽美术事业的发展培养了大批骨干，成为莘莘学子尊敬的导师而备受爱戴。

（《郑震教授纪念集》，第176页）

美术评论家杨岸森认为：

郑震先生的版画，给人突出的印象就是诗画交融，处处流溢着诗歌的韵味，如夏花之绚烂，似秋叶之静美。给观赏者以满目生辉、回味无穷之感。

（《郑震教授纪念集》，第201页）

进入新世纪，郑震仍然思维敏锐清新，他关注中国文艺界的现状和动态，常常反思。

他在给刘继潮的信中谈到当前文坛和艺术界的一些弊病时说：

我们目前的许多弊端，正是从极端迷信破灭而走向信仰的虚无，正如当前流行的一句谚语所说的那样"无知产生无畏"。目前虽有些有识之士如舒芜等，发出觉醒的呼喊。但毕竟仍是微弱的，一股强劲的物欲横流、不择手段地追名逐利，叫人难以看到人性的美好。好像都是蒙着头过日子，过一天算一天。

（2000.7.22）

这一年，安徽师范大学美术学院为郑震教授举办八十寿诞暨从教六十周年庆祝会，郑震教授特向美术学院赠中国画《皖南秋色》。他的《薄暮时分》《老树春深》等作品被选入中国百年版画展；文化部收藏《薄暮时分》等三幅作品。2003年受聘担任安徽省美术家协会名誉主席。

郑震赋闲在家，有空便写些文章提携鼓励年轻人。他在《安徽美术家》等报刊上发表了不少评介文章。如《月是故乡明——谈章飚和他的版画》《永不满足的易振生》。同时他一直感到安徽美术界在美术理论研究和探索方面不足，50年代后期周芜曾经致力于美术史的研究，可是由于种种客观原因有所遗憾。当他发现刘继潮从90年代起主攻美术理论，研究古典山水画空间理论，极为兴奋。

郑震在1999年3月18日给刘继潮信中这样说：

> 安徽中国画册，前不久才看到。整个画册的水平一般，没有太吸引人的东西，倒是对阁下的文章颇为欣赏。细看两遍，感到此文在总体把握上分寸感恰到好处（真不容易做到这一点），对安徽中国画的中不溜水平评述得很中肯，又恐使文章缺少鼓励的作用，于是乃以历史及自然风光的卓绝赞赏补足之，可见作者之苦心一片。文采也好，说得直率一点，真难为了阁下，以目前的济济人材来看，除了你，恐怕找不到人能写出这篇文章了。我讲的真话，并非瞎捧乱吹，文章读后，当即想给你写这封信，谈谈自己如上的读后感。

刘继潮把自己的《建构古典山水画空间理论的话语体系——释"以大观小"的思维智慧》一文寄给老师，郑震前后多次看了这篇文章，非常欣喜，为之鼓励指导并在来往信件中与之探讨：

> 收到修改后的文章，读了两遍，感到比初稿缜密，层次阐述都好，文字也愈流畅。我对第10页中的"视觉感受、视觉意象内化为视觉经验，层次空间，外化为程式"这一段很感兴趣，恐即为文胆是

也。因为在读初稿时，就感到如果不够重视视觉作用，可能会引起误解。

另一点，为什么油画水彩画家们画黄山总是不理想，很难画出黄山的气势、层次来，就是受了透视的局限，如果说是用散点透视来画，岂不成了合不成整体的拼凑？而国画家们以特有的方法，即以大观小，顺利地解决了这个难题。想当年，我在黄山几次，有一两次住了一两个月。那时我在画水彩画，画了几次，稍稍可看得过去，都只是黄山脚下的一角小景，而不是黄山的层峦叠嶂。后来跟赖老创作版画，也是自觉不自觉地按照国画家们积累视觉经验的程式才搞出来的。这一点个人创作实践也证明你的观点是正确的。

（2003.9.22）

196

刘继潮在老师的鼓励下，于2011年出版了《游观——中国古典绘画空间本体诠释》专著，这是一部具有当代意义，有理论，有创建的中国画理论专著。

2004年春天，郑震到淮北去了几天，两位50年代毕业的老学生来看他，这两位学生都已经70多岁了，伏在郑震肩膀上泪流满面，还有一位徐州的学生闻讯远道赶来看望郑震。其情其景，令郑震很激动，他感慨说："人间真情者有之。"

王蕴瑜去世后，1999年郑莓从教师岗位上退下来，和丈夫陈国勇经常轮流来到父亲身边，照应郑震生活起居。看到父亲一年年衰老，郑莓决定来芜湖和父亲住在一起陪伴他。

郑震从1980年到去世，一直住在师大校园山上新村的教授楼。一幢楼三层，郑震一家住在最上面一层，阳台东面有两株樱花树，每年三四月份绽放。开时似雪，玲珑别透；落时如絮，洒满台阶。每年一到这个季节，郑震就喜欢站在阳台上欣赏那满树的樱花在春风里笑靥盛开。

他晚年的日常生活，饮食起居很有规律。早晨大约5点不到就醒了，他喜欢利用这段时间靠在床上，在脑海中构思今天的创作。5点半准时起床，洗漱后，坐在靠窗的书桌前看一会书。6点半吃早餐，稍事休息，便开始画画，到了9点左右，收拾一下桌面，来到阳台上给花浇浇水，活动活动。

然后再回到书房，翻开当天阿姨带来的一些报刊，看看新闻和文章，"文革"前他喜欢《光明日报》《人民文学》等刊物。晚年订阅了《美术》《十月》《扬子晚报》《炎黄春秋》《文摘周报》等，看到精彩之处，便用笔做下记号，要求孩子们也来看看，之后便处理一些来往信件。郑震几十年来有一个习惯，对待亲朋好友来信是每信必复，他的一生不知道写了多少封信，很多人都把和他的来往信件珍藏着。

11点半准时吃中饭，在饭桌上他喜欢和家人、朋友说说一些趣闻逸事。一次，他在饭桌上即兴背起一首打油诗："身穿青灰头戴瓢，老天降下雪鹅毛；我们倒有安身处，天下穷人怎得了？"熟悉郑震的人，都知道他说话风趣幽默，诙谐生动，而且有着惊人的记忆力，过目不忘。饭后他要午休一会，起床后下午的时间主要是接待客人，或者由郑莓陪同去山上小路散散步，有时遇上好的电视剧则每集必看，如《人间正道是沧桑》《士兵突击》等。

2008年6月12日，郑震在给鲍加信中就说道：

> 平时，我仍在画些国画。一则以之消遣，画债也不少。电视难得有好的，主要是看新闻。只有一部例外那就是连续剧《士兵突击》，我几乎是看了三四遍。喜欢的是剧本没有胡编和廉价的男女关系，呼唤着当前缺失的人性，真好！不知你看了吗？以为如何？

此外每个星期还约尹鑑、储一纯、赵太意等人来家打两三个小时麻

197

下卷

将，小聚谈心。郑震和尹鑑是几十年老友，尹鑑是艺术系音乐教师。记得"文化大革命"时，红卫兵批斗他，说他在一幅画上居然还刻上"尹鑑万岁"几个字。后来郑震在"牛棚"中对尹鑑说："我干嘛要在画上写你万岁啊，我干脆写我自己万岁得了。""文革"的荒唐由此可见一斑。他们在年轻时就喜欢一起打打牌，尹鑑比郑震年长些，在郑震去世的同一年也随之而去。

到了下午5点半吃晚饭，7点准时看《新闻联播》，雷打不动。新闻看完后，洗洗上床看一会儿书入睡。

就这样，郑震在晚年保持着一份属于智者的平和、旷达、温馨与自由。

2005年，83岁的郑震仍然每天勤奋地画画、写文章，相继创作了《杏花春雨江南》《故山春暖柳含烟》《高山仰止》《不尽秋光雁影遥》《一片春光晴带雨》等一批山水画作品。他和朋友说，最近画了几张国画，自觉较前略有起色，在这个年龄了，稍微摸到一点新东西，也足慰三朝。

郑震画山水画，正如他自己所追求的，总想探索一点新的东西，道人之所未道，画人之所未画。刘继潮认为，"郑震老师那代人，文化上承续中华传统文化之余脉，美术上基本接受西方化的专业训练。"因此，郑震山水画的空间意识与精神境界是传统的中国的，但又必然受到西方绘画的浸染。在他的山水画中，我们可以看出在传统的基础上，借鉴了水彩的色调和设色特点，还融入版画的黑白灰处理手法等。因此他的山水画笔墨，既非宋元之意，更乏摹古派之态，而是彻底地糅合了他的版画和水彩，山石和树木借助版画之法以强其骨，烟云、山色及葱翠的树冠则发扬他的水彩优势，晕染出勃勃生机的气象，刚柔咸备，清逸雅秀，构成一家面目。

所以刘继潮在《艺术与人生的澄明之境——读郑震先生山水画》一文中说：

在老一辈山水画家中，郑老的山水画面貌独具，真可谓墨韵色辉，汇通古今中西。

郑老的山水题材多以黄山、皖南为主，偶写峡江云水。杏花、春雨、江南，感受那微妙的色彩，体悟那浓浓的诗意，清秀无疑是这类自然山水题材的主调。画家的审美取向、题材选择、风格与画家气质有内在的关联。郑老一生清爽、敏捷、考究，从不马虎、苟且。这样一位艺术家长期浸润在南方山水的氤氲环境中，其创作的山水画，一派清秀与雅丽当在情理之中。郑老的山水画着意于清幽意境的创造。山水画造型清秀、线条清秀、笔墨清秀，以至气韵清秀。《江上春色远》《天地一何阔》等是郑老近期新作中的神逸之品，笔墨之浓淡干湿一任自然，秀润、雅丽、清明，轻快中融入深厚，厚重间又显空灵。清气、静气、书卷气，可谓"不疾不速，不行而至"，已入"人书俱老"的山水艺术澄明之境矣。

山水画历史始终是山水画样式丰富多彩的演化历史，显然，固守单一和拒绝丰富不是山水画历史演化的内涵。

（《郑震教授纪念集》，第180页）

他曾经给永铃作了一幅《红树惊秋》示范画。画面的主体是左右两组树，树根从山岩石缝中挺出来，直插云霄，苍劲挺拔。树干是用双钩留白，或以黑衬白，随类点染，在继承传统技法基础上又大胆突破。郑震画树，擅长运色，一如他的水彩和版画色彩。红色几乎布满了《红树惊秋》整幅画面上，疏密聚散，浑然有致，背景是一抹淡红色的晚霞，树丛中是一排错落有致的皖南民居，粉墙黛瓦，景树一体，斑斓亮丽，生机盎然，极富有大自然的生命力。这张画现在保存在永铃手中，悬挂在客厅里。

安徽师大美术学院院长高飞，在谈到郑震晚年山水画时说：

先生的中国画，尤其是山水，颇若他的版画和水彩，一样强调生活和诗境。如《一片江南雨后山》《万点桃花舟一叶》《不尽秋光雁影遥》《江畔疏林落照红》，都是他悠游于山水、陶然于自然的情感写照，雨后山色、雁声渐远、桃花舟影、疏林唱晚，处处显现出清丽、温润和闲适的印象，比起陶潜、王维的"田园景色"来，似乎凭添了些许的轻松感，使人荡漾在愉悦的联想里。

（《郑震教授纪念集》，"弁言"第2页）

郑震的山水画，主要以家乡山水为主，黄山的巉岩陡壑、虬松云烟，皖南的村落溪水、老树春藤。有时也喜欢长江的渚岸湍流、帆影显晦，每一著之，皆成可观之诗。郑震特别热爱长江三峡的风光，晚年在郑莓和永铃随他学山水画时，要他们一定去三峡看看。他说："学中国画，不到三峡去看看，很难理解中国山水画中神奇之妙。我原来看那些国画名家画的山水，春夏秋冬，雨雪阴晴，山峦之间云缠雾绕，幻渺翻腾，朝霞落日，笼罩群峰，都是那么变幻莫测，不可思议。但是到了那里一看，三峡的景色确实如此奇妙。"为此还专门提供经费，要他们去体验三峡山水的奇妙。

这一年，郑震在为自己的文集出版做准备。之前，郑震的一些老友和学生都多次劝他，希望他把自己几十年的文章收集整理，再写一点回忆安徽已故艺术家的文章，特别是美术界一些画家，因为这些艺术家都是郑震的挚友，大多是几十年的生死之交，他们在安徽美术界的活动成就和贡献，可以说只有郑震最清楚了，现在把那些珍贵的资料写出来，让后人知道建国以来半个世纪安徽美术的开拓和发展历史，这无疑是一件很有意义的事情。

他在复刘继潮的信中说：

你在前信中提到要我出一本小文集，我花了几天时间，把过去所写而又能找到的文字复印了一份，搞好后自己重读一遍，觉得汗颜。那些文字，好的太少了，拿出来问世，那真是欺世盗名，我连重读第二遍的勇气都没有了。但就此罢休，又觉得心有不甘。要出，就干脆花它半年一载重写一些，也许会好些。可是今年来，我确实很懒，宁肯画些不动脑筋的山水画，不想提笔为文。起码要求应该是能讲出一点点自己确有体会的东西，且字句通顺——仅此一点也不容易，要克服疏懒的毛病，因此近日正在思想斗争之中。今天，李向伟自南京来看我，送我一本他的由安徽教育出版社出版的文集《道器之间》，也劝我出一本。好吧，我准备试试，看看自己还会不会再写文章？

（2004.11.21）

与此同时，郑震仍然致力于创作，他的《一片春光晴带雨》等山水画作品被中央文史馆、省文史馆以及其他一些省市美术馆收藏。

2006年，安徽美术出版社出版了《郑震作品集》，收录各个时期创作的具有代表性的版画、水彩画、中国画160余幅。郑震在《后记》中写道："我是自学走上美术创作之路的，进而走上高等艺术教育和创作，难免有艰辛的探索历程。"

郑震学画，是自学成才的，既没有师承，也没有受过高等艺术绘画专业教育。

郑震自学成才的艺术历程和成就，令鲍加赞叹不已说：

观赏他二百多幅精心之作，你很难相信这些是一位自学成才者的作品，是我省仅有的没有高学历而成为首批授予教授职称的硕导老师的艺术成果。他成功的途径惟非凡的劳动，刻苦勤奋，60多年来从不停顿，笔耕不辍，有着一种坐破寒毡、磨穿铁砚的韧劲，是聪明和苦行的结晶。郑震的艺术经历和成就，给了我们很多有益的启示，值得回味，值得探讨。

（《郑震教授纪念集》，第165页）

2006年春天，郑震和朋友到北京去了一趟，原想去找找怀旧的感觉，结果有些失望，他在给刘继潮的信中说：

> 本想去怀旧一番，看看那些过去去过住过的地方，也都是高楼林立，面目全非，甚至是难寻故址的一点影子，于是只得惆怅而归。去长安剧院看一场京戏（也是想怀旧的），那么漂亮的剧场，那么好的设备，演员虽卖力而表演粗糙，台下连同一半外国人，总数不满一百人，我感到一种伤逝，一种辛酸。回去睡觉，久久难以释怀也。

（2006.5.29）

武忠平从合肥来芜湖看望恩师郑震，此时，他已是安徽美术出版社的总编辑了。谈到文集的事，武忠平希望老师在2006年底以前把文稿交付于他，以便着手编辑出版。同年，嘉德拍卖郑震的《在佛子岭人造湖上》《抢收在暴风雨之前》《春江》等版画作品。7月底，外孙女华征回国来到郑震身边。85岁的郑震买了一台电脑，让外孙女教他一些电脑的基础知识和简易操作，用郑震自己的话说："学电脑，竟然忙得像真的似的。"从学拼音开始，做几张写满了拼音字母的纸板挂在书房。

郑震喜欢和朋友研究探索有关美术理论，对古今画家有自己独特的视角。他看了刘继潮写的《智者梅清》，便立即给继潮写信说：

> 梅清一文，是你一系列关于空间的论文之一，其中有几处颇有启发。一是关于'观'的辩解，有独到之处，在研究沈括之论方面，又

向前推进一步；二是回顾五六十年代的所谓大规模的中国山水画美术写生活动，现在回顾一下，当时的这一活动，是只能起到为政治服务的作用，对传统的学习和继承，恐怕只能起到相反的抑制和摧残。在艺术实践方面，也许有些收获，但今日看来，当时一些好的画家如李可染、傅抱石等人留下的作品，也都不是写生如实的产物，那些写生的画，恐怕也早就在时间的检验中淹没了。关于梅清的画，我看的很少，因此谈不出什么来。我想，你在出书时，能不能多用一些图例用来比较，画作和照片的比较，画作和画作的对比等等，也许会更有说服力些。关于对石涛作品的批评，我有同感，我实在看不出那些过度吹捧的作品，真有那么神奇？

他在给鲍加的信中如是说：

　　"鲍加兄：一直关心你的近况，和继潮的联系中，常常问询你的情况，知一切平安，也就释念了。但总想和你谈点读书看报，人际关系，艺术行情等等，这就不是互报平安所能代替得了。很想到合肥去看看老友，也就是一个懒字，迟迟不得成行也。"

在信中，郑震提到对合肥举办的安徽八老（八老为：萧龙士、孔小瑜、懒悟、申茂之、光元鲲、童雪鸿、王石岑、徐子鹤）画展颇为关心。鲍加复信说：

下卷

　　合肥筹备的八老遗作展，是在筹办中。我曾经看过他们征集的作品，有的真不错。比当今世上的东西要耐看的多。可惜有些作品征集不到，如申茂之的，到时有可能望能来此一游。

（2008.9.18）

2007年，郑震创作了《群鸦争晚噪》《载将春色到江南》《桥畔垂柳下碧溪》等山水画作品；《黄山晨曦》收录于安徽美术出版社出版的《黄山魂·新徽派版画作品集》。

从2005年开始，郑震为文集陆续补写了一些怀念故人的文章。2008年初写成回忆赖少其先生一文后，他在给刘继潮信中如是说：

> 最近还好，身体又经复查，一切都尚称正常，请勿念。写了一篇忆赖公少其的文章，初稿已成，正在重写之中，此文为文集中的最后部分了。下月，如果气候、身体、情绪都好，想到合肥去玩两天，跟你闲扯一番，也是一种享受，此间无可谈者，奈何。

（2008.3.22）

北大教授朱良志先生在《又是杏花春雨江南——读郑震先生近作有感》一文中说：

> 我所见乃是先生近几年完成的一组水墨淡彩作品，这是典型的中国作风中国气派的创作。年近九十高龄的他，笔下传出的没有一丝垂暮，没有老辣纵横和荒寒冷落，却依然是那种饱满的生命感觉，依然是幽淡和沉稳，还是轻柔的叙说，深情的关怀，淡然的流水，引风的修竹，矮矮的远山，飘拂的柳丝，读其画，如春风拂面，真有又是"杏花春雨江南"的惊喜。在这组画中，他的笔法更加轻松自由，如同悠然的生命衷曲，荡漾着观者的心扉。

（《郑震教授纪念集》，第182页）

郑震认为自己身体一直还不错。2007年3月22日，他在给刘继潮信中还说："最近还好，身体又经复查，一切都尚称正常，请勿念。"孰料天有不测风云，7月份被检查出患了直肠癌，住进了弋矶山医院准备手术。在医院里，郑震面带笑容，安慰子女们说："没事！该来的躲不了。当然，我希望再给我几年时间把文集等一些事情处理完最好。"

这次手术比较成功，他的身体恢复也不错。大约经历了太多的风雨，郑震对人生的起伏波澜看得很淡。对于衰老病死，他有自己独特的看法。一次鲍加患疾，心境一时黯然，倾诉于郑震。郑震安慰他说："君不见一辆钢铁铸就的汽车，使用十多年，零件耗损也该报废，何况你的肉身器官为你效力七十多年，偶现病痛也该对得起你了，何苦怨之。"

几个月后，郑震写完了《忆赖公》一文，业内人士看过后都说，笔墨饱满，真挚感人，为中国美术界研究赖少其大师存留了很多第一手难得的资料。

2009年，郑震仍然在为文集出版忙碌。他对自己创作和文章要求很严，多次说出文集，要对得起历史，对得起读者，万万马虎不得。他给刘继潮的信中说：

> 书稿一事，说真心话，心中忐忑，似有未竟之意，还想再写几篇（题目都拟出了），又无把握，故在犹豫之中。希望你将读后的实感，坦率告诉我，谢谢，拜托了。
>
> （2009.10.14）

9月份安徽省委宣传部为展示安徽一批德艺双馨文艺工作者的精神风貌和艺术成就，组织省直及合肥市新闻单位集中宣传。《安徽日报》记者在采访郑震时，记者王慧慧对这位87岁老人的第一印象是：老人家"坦诚、热情，甚至耿直得可爱"。最令她敬佩的是，郑震投身艺术创作、艺术教育事业近70个光阴，仍凭艺术思潮瞬息变幻，始终真诚面对生活、面对艺术，冷静、顽强地沉浸于自己所钟爱的题材与形式。郑震对记者说了这样一段话："艺术的任务是引导人成为一个诚实的对别人有用的人，绝不能僵化为教育工具，更不能陷入低级下流的误区。"他反对求名求利，对浮躁学风深恶痛绝。他对《合肥晚报》记者说："我现在最烦瞎吹，不要瞎吹，要实事求是。"

郑震一生孜孜追求艺术，淡漠功名。他在给刘继潮信里说了这样一段话：

此次你去京讲学（指2011.3.29刘继潮应中央美术学院中国画学院之邀的讲学活动——作者注）一事，闻之甚为高兴，这表明你多年来的独创性的探求成果，已获得全国高等权威学府的赞赏和推崇，可喜可贺！作为你文章的最初读者和曾经的师友，亦与为荣也。我再一次体会到"文章千古事，仕途一时荣"这副对联的道理。作为学者，给后学同行留下自己的独特见解，比那些官帽乌纱值钱多了，传世比浮名更为实在。我也希望你下一步再写一点，因为你有再掘进的潜力，以为如何？

（2011.4.23）

2009年10月2日，87岁的郑震在郑莓和郑洪陪同下来到合肥，参加了孙女郑洁和杭伟的婚礼。在婚礼上郑震笑得很开心，一直坚持到婚礼结束。虽然距2008年手术才一年多，但此时老人家精神状态很好，心境也很开朗。

然而，次年春节后几天，突然从合肥传来噩耗。老友董光昇因病去世，郑震闻讯悲恸不已，黯然伤神久之，这种心情在给刘继潮的信中表露出来：

只有一件事，使我黯然神伤者久久。一个很好的朋友，多年来，一直保持着亦师亦友的诚实交往，（在几十年风云变幻之中能有几个称得上是知交的？因而更使人珍惜）。不料在春节前一天，溘然去世，就在他离去的前几天，还亲笔为我寄来一张贺年卡，因而伤感，甚至在夜梦中流泪，为了抑止心中的悲情，我埋头于读书画画里，以排遣此种情绪，现在已经好多了。

今年的天气，也使人不快，寒冷的日子居然近三个月之久，想你在北京亦然。鲍老处，我亦久未联系了，如见面代为问候。亲切握手！

（2010.3.31）

郑震为怀念这位相知相交了70余年的老友，自费为董光昇出版了一本篆刻作品集，取名《汀桥印谱》并为之作《前言》和《后记》。

前　言

汀桥兄原名董光昇（1918—2009），为我青年时代的知交，是影响我从事文学及版画艺术的引路人。三十年代末，余与汀桥、乘兴同在山城金寨。谋生之余，相互研文学艺，友情甚笃。经历风雨岁月，凡五十余载。

汀桥为人，耿直诚朴，甘贫乐道，谦谦君子，为学深思。五十年代曾遭莫须有之诬陷，含冤二十余年。平反后，重持教鞭，深得学生之敬爱。

汀桥文学素养深厚，擅书，尤精篆刻，制印逾千，刀法古朴秀雅，章法多姿。既有苍劲传统之风，亦具创格求新之意。仙逝时，遗存印章尚有百方之多，以其处世淡泊，不求闻达，故作品未曾结集。如任其湮没，实为憾事。余与其女先敏、婿吴鲍祥君商议，选一部分，汇编成册，以付后世，援为数语，以作小序，兼怀故人。

郑震

二〇〇九.五

后　记

编印了这本印谱，了却一桩心愿。汀桥兄之人品及艺术素养均为我所敬重，以此缅怀故人并为艺术及亲友留下他创作的金石精品。

在编印过程中，征得汀桥长女先敏女士、婿吴锡祥君之同意，提供原稿并两次专程来芜。请画家倪建明先生策划、编排并安排了印制的全过程，张春山先生细心选择并校对释文，在此一并致以挚诚的感谢。

郑震

二〇〇九.九

他在给永钤信中说：

我正在为逝去的老友董光昇编印一本印谱，由我出资印成，以作纪念并分赠艺林诸友。印成后当寄一本给你。

（2009.9.11）

此外，在郑震生命的最后几年中，他和鲍加的通信也比较频繁，两位老人除了相互问询、互报平安外，还经常探讨一些绘画理论，总结彼此的艺术实践和经验等。

一次，郑震在信中和鲍加谈起当今安徽一些中青年画家，如凌徽涛等人，鲍加回信对他们颇为赞许：

安徽当时有三人，凌徽涛、蔡锦和陈宇飞，这三个年轻人，现在都成为当代油画界的著名人物，这是时代造就的。这些年轻人主要受法国萨特存在主义影响，强调个人感受，表现自我意识，是一个潮流影响下的画家，我以为应予以肯定。

凌徽涛现在是合肥画院院长，一段时候画了不少中国画，主要画鸡。画也显示他的艺术灵气和才气。虽画国画，但似不愿与世俗共求同流，也无成规定矩，放得开，自由潇洒。他在合肥市威信也很高，但并不大显山显水，一般展览活动都不大出面，比较淡然。

鲍加来信说起由于年纪大了，身体又不太好，外出写生感到吃力，为此很苦恼。郑震回信就这个问题比较详细地谈了自己几十年艺术实践的体会：

你信中说到写生作画的苦恼，对此，我却有话要向你说：首先是年岁已近80，过多的户外奔波，确是不宜，尤其是搞油画的比起别的画种累人，野外寻景，也多耗费体力，不得不减少这样的活动了。

至于谈到写生和照片，我也可以理解。室外写生，光影变化，色彩斑斓，剪裁构图，常有新意，确实能使人迷恋。我昔年画水彩画时，就有此种体会，后来年岁日增，就被迫放弃了。我过去还喜欢在天气多变时出去捕捉瞬息多变的景色，非常迷人，后来走不动，坐不久，只有喟然叹息，就这样，心还不死。去年大雪天，站在窗前，还写生过好几张。由此可以理解你的心情。但是不得不向你提出，这样的写生，不能多搞了。

照片的使用，我以为在被迫减少甚至是放弃写生的情况下，采用照片，又有何不可？一是使用你自己拍的照片，便有了曾经身临其境的体会。二是对照片可取之处加以改造，即重新组合、增减、想象成为一个新的境界，也是一种创作，难道不是吗？上述的见解也同样适用自己过去的旧作，拿来重新铸造、改作、充实，以自己现在的美学观念加以审视，翻新成一幅较之过去更为充实的作品，又是一种再创造的过程，中国传统画家在这一方面，不怕重复也有新的见解。

事物总有另外的一面，对写生的过多癖爱吧，也会成为一种局限。前人不是有这样的论断么：好的风景作品是写生得来的；好的作品不是写生得来的。这一见解，并非诡辩，确有道理，以为如何？我没有什么真知灼见，只是一点个人艺术实践经验罢了。

信手写来，放马由缰，浅薄之见，尚希正我。

（2009.11.24）

2010年伊始，陈育德老师和李向伟、班苓等前后来看望郑震时，希望他举办一次90寿辰艺术作品展览。郑震就此事征询了鲍加和刘继潮等人意见，大家一致劝他举办一个展览。4月份，郑震和鲍加在章飚、刘继潮的邀请下，去了石台游览，又谈起这事。同时安徽师大和安徽美协等单位也和郑震商谈这事，于是郑震为此开始作准备，抓紧创作了《一年好景》《早春》《蜀江春色》《忽见黄花倍惆怅》《斜阳江天一抹红》等一批山水画作品，由安徽文艺出版社出版了《郑震山水画作品集》，共收录这一时期90幅作品。《郑震文集》所要补充的文章业已完成，交付安徽美术出版社付梓。

2011年，《美术报》"画家周刊"专版介绍郑震作品和事迹；由（香港）中国美术出版社有限公司出版《郑震水彩画作品集》，共收录190余幅作品，《郑震版画作品集》，共收录280余幅作品。

郑震绘画追求诗意的传达，重视境界的营造。艺术家要创作出优秀的作品，除了要有丰富的生活经验、真挚的思想情感和熟练的艺术技巧之外，还要有广博的文化知识。

陈育德先生说：

在一定意义上，艺术家的文化素质决定着他创作水平的高低。郑震先生正是一位行万里路、读万卷书、学识渊博、兼采众长、艺有专精的优秀艺术家。

……他艺术兴趣广泛，阅读大量文艺书籍，不断提高文化艺术素养，……他喜爱音乐、舞蹈、戏剧、书法，对中国古典诗词研读尤多，从众多艺术中汲取丰富的资源，创造出诗、书、画融为一体的艺术境界。

……他的许多画作皆以古典诗词题名或题款。……他曾赠我一幅山水画，题有元代画家倪瓒的诗："他乡未若还家乐，绿树年年叫杜鹃。"并书曰："以今之意趣写之"即是明证。……曾用唐代刘禹锡《酬乐天扬州初逢席上见赠》中"沉舟侧畔千帆过，病树前头万木春"的诗意，创作了版画《万木春》……他晚年创作的中国画，以诗入画的作品更加丰富多彩，如《我言秋日胜春朝》《疏林夕阳》《万木霜天红烂漫》《杏花春雨江南》等等，达到了诗画兼美、炉火纯青的程度。我们看他的画，仿佛是读热情洋溢的诗、听动人心弦的歌，真有"是画非画，度宫中商，感心动耳，清音含芳"之感。这就如邹一桂在《小山画谱》中说的："善诗者，诗中有画；善画者，画中有诗。然则绘事之寄兴，与诗人相表里焉。"

（《郑震教授纪念集》，第174—175页）

211

在永钤的记忆中，大约是1962年，一次回到当时还住在安徽艺术学院的家中，看到父亲桌上的台历中，有一页用钢笔字写下了一首词，问父亲，父亲告诉他，那是南宋辛弃疾的《清平乐·村居》："茅檐低小，溪上青青草。醉里吴音相媚好，白发谁家翁媪。大儿锄豆溪东，中儿正织鸡笼。最喜小儿无赖，溪头卧剥莲蓬。"

综上所述，可以看到郑震钟情于传统的古典诗词。他偶尔也写点诗词，但是写过随手就扔了，从不留下。唯独这年5月份，应河南濮阳《书简》主编王金魁之约，写了一首诗寄去。郑震对《书简》这本民间刊物赞

下卷

赏有加，因为郑震一生喜欢和人通信，他认为，信件较文章更能传达人的真实感情，更能表现本来面目。那是一首七绝，为《书简》而题：

邮壁风霜字带香，灯前书简妙词章。

春深树老人犹健，戏墨涂鸦岁岁忙。

这首诗一时引来很多人和韵，王金魁先生把他们编成一本专刊，取名《尺牍清吟》。

经过大半年的筹备，2012年，由安徽省美术家协会、安徽师范大学、安徽省文史馆和安徽美术出版社主办的郑震教授九十寿辰艺术作品展暨学术研讨会在安徽师范大学美术学院隆重举行。

春风桃李三千树，笔墨丹青七十年。2012年12月3日上午，安徽省美术家协会名誉主席鲍加、章飚，省文联副主席、省美术家协会主席张松，省文史馆副馆长余家林，省美术家协会顾问柳新生、王涛、顾美琴、刘继潮，江苏省美术家协会副主席李向伟，安徽省美术家协会副主席、秘书长班苓，省美术出版社总编武忠平，省书画院院长刘廷龙，特约研究员张一楫、邓娣，芜湖市委常委、市委秘书长张士军，安徽师范大学领导王伦、余淑珍、程度等出席了"郑震教授九十寿辰艺术作品展暨学术研讨会"开幕式。参加开幕式的还有来自上海、苏州及其他省市兄弟院校的领导、老师，以及郑震教授的家人、亲朋好友，芜湖市文联、美协的代表，安徽师范大学有关部门、美术学院的负责同志和师生代表等400余人参加画展开幕式并观摩展览。

郑震教授九十寿辰艺术作品展暨学术研讨会开幕式（2012年12月3日）

　　校长王伦代表学校全体师生向郑震致以崇高的敬意，对画展的开幕表示诚挚的祝贺！他说，回顾郑震先生半个多世纪的美术教育生涯和近70年的艺术创作生涯，我们深深感受到：郑震先生是一名优秀的教育家和艺术家。几十年来，郑震先生为安徽省乃至全国美术界培养了一大批美术教学和创作人才，为美术教育事业做出了重要贡献。

　　郑震先生创作出大量具有深刻艺术魅力的版画、水彩画和中国画作品，是"新徽派"版画艺术的主要开拓者、奠基者之一，为中国美术的创新发展做出了重要贡献。今天，我们要学习郑震先生追求艺术、忠诚教育的崇高精神，努力创作出更好更多的美术作品，为时代和人民奉献更好更多的精神食粮；同时，努力把我校的艺术事业推向一个新的境界，为加快我校高水平大学建设，推进我省文化艺术大繁荣大发展做出新的更大的贡献。

　　工作人员宣读了中国美术家协会的贺函。省文联副主席、安徽省美术家协会主席张松，省美术出版社总编武忠平先生先后致辞。

　　他们在讲话中指出，郑震教授是一位值得全国全省美术界尊敬，深受人民喜爱的老艺术家、教育家，是一位真正满怀强烈的历史使命感和社会责任感的德艺双馨、德高望重的人民功勋艺术家与教育家。他倡导以教学指导创作实践，以创作丰富教学内容，形成艺术创作与教育相结合的独特的风格，无论是他的艺术创作，还是他的艺术教育，都产生了广泛而久远的影响。我们要认认真真学习郑老对人生充满希望、对艺术充满激情、对教育充满责任、对人民充满爱心的高尚品格！

时值深冬，寒意料峭。年逾九十的郑震在开幕式上发表了简短讲话，他充满感情地感谢各位嘉宾以及主办单位的周到安排。他说：

"我有幸赶上了这样一个改革开放的年代，这是中国人民盼望已久并为之奋斗的伟大时代，国家强盛、人民富足——这些就是促使我在退休后仍能做出一点工作的动力。'不待扬鞭自奋蹄'，在这里将一些不成熟的作品呈献给观众和社会，作为一个伟大时代的过客，让我留下一点印痕吧。"

郑震的讲话，赢得了长时间热烈的掌声。当学生代表为郑震献上鲜花时，郑震脸上露出慈祥平和的笑容。这个时候老人的精神很好，竟然在寒风中站立了一个多小时。

214

郑震教授九十寿辰艺术作品展暨学术研讨会开幕式（2012年12月3日）

此次展览共展出郑震近期创作的90幅山水画作：黄山、皖南、峡江云水下的杏花、春雨、秋叶、雪色等，无不优美、清新、亮丽、鲜活，散发着沁人心脾的诗意情怀和生活气息，令人赏心悦目。他书卷气十足的清秀题款，更给人一种"人书俱老"的山水艺术澄明之境界，勾勒出郑震融版画、水彩于一体的独特山水情致。

他学力精深，植入厚蕴。大凡看过郑震晚年画的国画，从滋润的艺术灵性中，一般人很难想象那些率意洒脱、神韵秀逸、清新柔和、格调雅致的作品是出自一个耄耋之年的老人之手，画面是那么阳光，那么明快！在他的笔下，疏密有致的坚挺树干、青翠欲滴的丛林、星星点点的野花和飞溅的瀑布、清澈的溪流，透出一种生命的温润和谐，呈现出天宇澄明、山川如绣的意境，是那么富有生命力！在画展上，听到那些观画者的赞叹："这是一个90岁老人的作品吗？多阳光！"鲍加先生在《郑震画集·序》中就称赞有加："郑震晚年所作是'白鬓萧萧豪情在'！"

在郑震学术研讨会上，省内外众多著名美术家和学者充分探讨了郑震创造的"一版多刻"技法，给予肯定和极高的评价，认为这是对中国现代木刻版画的重大贡献。

20世纪70年代初，郑震在淮北农村，由于版画木材比较紧张，便在创作实践中探索出了一种分步套色的绝版制作技法，如《胜似春光》《飞雪迎春》等就是采用这种技法。这种技法由于当时信息不发达，传播途径有限，所以只为他的学生和搞版画的一些朋友所知晓。

所谓绝版木刻就是将传统的多版印刷在一块板上交替完成雕刻与印刷，套印几种颜色就刻几次，印几版，每一次印刷后在同一板上重新雕刻画面，作品完成时只剩下最后一版的图案和颜色，从而形成自然毁版。同时，通过多次交替套印，产生出色彩重叠而丰富的特殊视觉效果，使绝版木刻版画的艺术语言更具魅力。

从创作过程上看，绝版木刻技法的运用，使绝版木刻版画的创作更具偶然性，表现手法更自由、更富于创造力。技中有艺，艺中有技。有人说，绝版木刻版画每一次刻印的过程，都是一次再创作的过程，一次次对新的艺术灵感的捕捉，使版画家的创造性贯穿于画、刻、印的始终。

在研讨会上，艺术家们对郑震的艺术创作、艺术成就等给予了高度评价，一致认为他对艺术教育的忠诚、对艺术深沉的爱和执着的追求，构成了他引人尊敬的艺术人生，更赢得广大师生的高度赞誉和全国艺术界同行的普遍尊重。

鲍加饱含深情地对郑震的评价是：

> 宛如一幢矗立的华厦，那巍峨的气势令人目眩，但谁都难窥视到那深深扎入地层中的桩石，更难体会到它沉重的负荷。一幢华厦如此，一番事业也是如此。我常忆起为现代安徽美术事业崛起而努力的一些前辈画家和朋友，缅怀逝去者，更珍视健在者。他们不仅是我省美术事业建设的基石，而且他们的学识、才智和创作经验将影响着一代又一代画家。如果要编写一部美术史，绝不能忘却一位重要的开拓者和耕耘者——郑震教授。
>
> ……今天回溯郑震的艺术历程和成就，最令我赞叹的是在长期纷杂的特定历史背景中，他始终保持着一个艺术家的可贵品格，不随波逐流，不媚俗趋势，坚持艺术创作的规律，坦陈心灵的真实感受，表达出自我形象。这就是他能形成独特艺术风格的根本原因。

（《郑震教授纪念集》，第164页）

来自海内外的学子济济一堂，共话师生深厚的情谊，共话艺术创作的明天。《安徽经济报》为这次活动作了专刊报道。

纵观郑震70年的艺术创作历程，我们可以看到一条清晰的轨迹贯穿其中，即藏"境"于景，"境"生象外，"诗中有画、画中有诗"。郑震的创作是以诗的意趣，展现自己所见、所感，能表达思想情怀的自然景物，每幅作品都洋溢着诗情画意，充满着生活的韵律，既含蓄又明快，富有魅力。他能坦诚地表现艺术家自我蕴藏着的个性、感受，没有半点虚假，以真为骨、以意境显示美。他的版画、水彩画、中国画表达出的诗情画意，无不体现着东方审美意识。

在这条轨迹线上，我们还可以清晰地看到，他的版画创作在不同的线段上，不同的时期里，对于艺术上的探索有不同侧重点。50年代和60年代初期，他主要侧重对木艺技法、构图的研究，以黑白木刻《在佛子岭人造湖上》为代表；70年代下放在淮北农村，侧重于对色彩的探索，以《胜似春光》《飞雪迎春》为代表；在前几十年版画艺术实践的基础上，到了80年代则升华为对"意境"的追求，这已是中国传统绘画美学中的最高境界追求，这从《黄山晨曦》《薄暮时分》《万木春》中可以得到印证。

此次纪念活动出版了《郑震版画集》《郑震水彩画作品集·寻诗》《郑震山水画集》，与此同时，凝聚郑震大半生心血的《郑震文集》也由安徽美术出版社出版。

安徽电视台科教频道播出了《天下安徽人》"郑震专辑"（2013.2.26），该栏目是在全球范围内选取有影响、有成就、有故事、有新闻的安徽人，芜湖电视台也拍过采访专辑片。

《郑震文集》汇编了散见于不同时期的65篇文章，14万字。文集分为"评介篇、画余漫议、序言篇、怀人篇"四个部分，以纯朴的语言，珍贵的回忆，睿智的思想及大量的历史作品，集中展示了新中国安徽美术事业的发展历程，具有珍贵的文献价值。该书图文并茂的编排形式、精美的装帧设计得到了郑震本人和参会的海内外专家学者们的一致好评。

下卷

《郑震文集》一方面从多个角度展示了郑震的学术风貌、艺术观点和关于高等美术教育理念、治学思路等；另一方面，留下了安徽美术从建国开始长达70余年的历史和人物的记录，为后人研究这一段安徽美术史提供了珍贵资料。

《郑震文集》中，刊有怀念老友王石岑的《诚朴的人　精湛的画》，怀念光元鲲先生的《难忘江南虎啸声》，怀念方诗恒先生的《闪烁的烛光》，怀念申茂之先生的《苦涩的忆念》，怀念故友董光昇的《半生坎坷一世友情》，还有怀念他老师黄敬恺先生的《师情之忆》，怀念老朋友周芜的《难忘的岁月》，回忆著名黄梅戏艺术家严凤英的《芳馨永在》，回忆潘天寿先生的《黄山夜话》及回忆怀念赖少其先生的《忆赖公》，这10篇文章组成"怀人篇"。

读过《郑震文集》的人都感到，最能拨动读者心弦的部分，当属这"怀人篇"里的10篇文章。在"怀人篇"中，郑震深情地回忆起与他同时代那些老一辈艺术家的交往，他们都是那一历史时期安徽美术史乃至中国美术史上的重量级的艺术家，他们的艺术风范和情操，他们对艺术的执着和探索；他们身处逆境，依然坚守艺术家的操守、良知，坚守着彼此真挚的友情，坚守对真善美的渴望；为了开拓安徽的美术荒地，他们任劳任怨，不辞艰辛，都足以令人动容，使人敬仰。

郑震通过"怀人"，披露了许多不为人知的细节，有人生中的风雨，有创作上的挫折，给我们今天研究建国以后那一段安徽美术的开拓发展史，留下了很多珍贵史料。特别是《忆赖公》一文，详细地追述了当年在赖少其先生直接领导下"新徽派版画"诞生的历史：

"赖公领导的这次创作活动，他不只是以一位组织领导者的身份，而且是直接参加到创作实践每一个环节的成员之一，以他自己的艺术素养和丰富的创作经验来指导工作。由于他对艺术规律的理解和掌握，因而他就不仅仅是带领我们创作出一批在全国有影响的作品，更重要的是为当时艺术人才贫乏的安徽培养出一支年轻的创作队伍。在这个意义上，我一直把他当作不只是一位文艺领导而且是一位育人的师长。

（《郑震文集》，第212页）

郑震和赖少其先生自50年代末期相识，二人便成为终身至交。他们从新徽派版画的开拓到"文革"期间共同经受了风雨的磨难，彼此都非常珍惜友情。90年代赖公回到故乡广州后，彼此仍然书信往来。

在郑震的书房里，一直悬挂着赖少其先生的一张条幅：

黄山遇雨　自度曲一首

　　巉巉处，险峰如削，玉笋错空。云霄上，彩阁画楼，天上人间同。俯挽百代，我辈称雄。一夜雨声渐沥，雾塞苍穹。莫踌躇，说归去，便归去，冲破细雨迷蒙。一路上，耳听水声淙淙。眼观云化龙。桃花溪畔，飞瀑泼空。一杯酒，白发庆相逢。

　　庚申四月二十五日于黄山桃花溪畔为应郑震仁兄属正　赖少其（印章）

在另一篇《天月书画》序中，郑震回忆说：

　　"60年代之初，天月和我同在黄山，有一段愉快的共同创作过程。在赖少其同志的指引下，创作了一批后来被称为新徽派版画的作品，产生了较好的影响。由于赖公的深厚学养和创作经验，使我们学到许多艺术规律和技法，深化了我们的艺术素养，使我们更加理解扎根生活土壤，重视速写素材，尊崇传统，探求民族风格的治学方法。"

对于这一段历史，郑震作了如下追述：

　　"第二年（1960年），赖公组织领导了为人民大会堂安徽厅的美术作品和整体美术设计的活动。那时，我还因病住在医院里，赖公调我去参加这次的创作活动。并且十分关切地为我安排了良好的生活和病后疗养的条件。在他直接主持下的那次创作活动,历时近两个月之久,在这样一次历程里,我不仅创作了几幅版画,更为难得的是在和赖公朝夕相处的接触里,感受到他的艺术思维、广见博闻的修养和对待整个创作全过程的指导风格以及具体的艺术技巧等等,使我深受教益,甚至影响到我以后几十年的创作生涯。每当我回忆起那段日子,内心里则充满了对他的感激之情。"

(《郑震文集》,第212页)

《郑震文集》书影

2012年1月2日，郑震在信中对刘继潮说：

收到来信已多日，这中间害了两次小病，住院五日，现在大体上已恢复，才提笔作复。

此次活动（指90华诞庆典——作者注），多承各位捧场，总算是忙完了。虽然仍有很多遗憾，到了这个年龄，也实在难以周密求全了。许多毕业同学（包括你）虽然过誉溢美，但总的感觉是真诚而非纯应酬的，仅此一点，教学几十年夫复何求!？那本文集，被忠平包装得如此精致，简直是形式压倒内容了，见面时，请为我再致谢忱。

今后，如身体可以支持的话，仍打算画一点，以自娱、消遣、抒情而已。

春天来了，窗外的樱花盛开，深浅灿烂。郑震乘着兴致，拿起画笔用了几天功夫，画了两张樱花的水粉画。一张是粉白色的，一张是浅红色的，画面淡雅、优美，是他一贯的清新画风。画好后，他托人带到合肥送给国洁。国洁收到画，爱不释手，把两幅画装裱起来，悬挂在家中。

此外，在这半年中，郑震又拿起水彩画笔，画了他这一生中最后的一二十张水彩画，起因是：

有好几个熟人（也包括画商小强）都看中了我的水彩画，要我画几张。我因市场上买不到好纸，已有好几年不画了。不料有一位画商（小强）真有门路跑到南京，搞到一批多年已不生产了的画纸，（此纸过去我常用，很好）引发了兴趣，因而一连画了一二十张，兴犹未减。

（给刘继潮信，2012.6.3.）

大约是从2011年左右起，郑震开始写自己的传记。

2012年6月3日，他在给朋友信中说：我仍在写我的自传，虽然这几十年间起伏、悲欢的经历，确有不少，但写着写着又感到，即使写出来对读者又能有多少参考价值？因此写写停停，也只是在勉力为之而已。

7月25日，郑震感觉不适，到了夜间突然发烧，气管炎加上哮喘老病复发，来势汹汹，不能入睡，家中只有郑莓在家照料。郑震不愿在夜间打扰医师和朋友，一直拖到第二天早晨6点，才设法送到医院，在医院住了近半个月。

出院后郑震感到自己很虚弱，因此外界一些活动应酬都不参加了。身体恢复一段时间后，郑震又拿起画笔，每天画2个小时左右。这一段时间，他给永钤的诗词集画了10幅山水插图。

这一时期，郑震曾经想写一篇关于王石岑的文章。7月21日他在给刘继潮的信中说：

石岑老的画册，我这里也有一本。……所幸的是近两年来市场上开始热起他的画作（这倒是应该的），可惜他未能活到开放的岁月，我本想写一篇认真的评述文字，石岑晚年和我交往密切，因而对他怎么想的，怎么画的，我确是知之较详。

可惜由于种种原因，郑震没有能留下这段珍贵的文字。

2012年夏，一天夜里，风雨交加，郑震早晨起来看到窗外的牵牛花竟然盛开，爬满墙头，高兴地把郑莓叫过来说："快来看看，牵牛花开了哎！"一朵朵牵牛花还浸着雨珠爬满墙头，郑震兴致盎然，背诵起李清照的《如梦令》："昨夜雨疏风骤。浓睡不消残酒。试问卷帘人，却道'海棠依旧'。知否，知否？应是绿肥红瘦！"

接着郑震笑曰："我来仿照李清照的《如梦令》，打油一首：'昨夜风

222

狂雨骤，今晨仍未睡够。试问开门人，却道牵牛依旧。知否，知否，应是爬满墙头。'"

回到书房，郑震似乎兴犹未尽，在书桌上抖开宣纸乘兴挥毫，把刚才即兴吟诵的"打油词"写下来，落款为"壬辰之夏，酷暑难耐，小病之后戏笔。郑震。"还特地钤上印章，送给了郑莓。这是郑震一生中唯一一幅书写自己诗词作品的珍贵墨迹，现保留在郑莓手中。

这一年冬天很冷。闲暇之余，郑震翻看《学人魂·陈寅恪传》，看到吴宓老人一直到死，还惦记着他的知音陈寅恪，不禁感慨万分，愈发怀念一些往日的老朋友，也惦念在合肥的鲍加、陶天月等人。他在给鲍加信中说：

鲍加兄：

信收到，知你将住院疗疾，颇以为念，古人云节日思亲，我却是节日思友，对你的情况，尤为惦念。

仅有一点，常常心有戚戚，就是对朋友的怀念。因为生命的规律，故友日渐凋零，这种情绪常常浮现在思绪之中。古人云：人生得一知己，可以无憾。诚哉斯言！希望在明春日暖花繁的季节，能畅叙别后。

在得知陶天月生病，他和鲍加深情地谈起：

天月能稳定下来，是为幸事。他夫人孔媛，原是文艺干校的学生，多年前就听说她患了重症，拖了这么多年，真是人生的艰难，见面时为我问候天月。

闻天月住院，甚为惦念。他的体胖，嗜酒，熬夜，均与老年保健相悖。不知近来怎样？如去探视，请带我致意，因为我不知道他的手机号码。

在给刘继潮的最后一封信中说：

> 因为年事已高，没有什么名利得失的压力，我的日子过得比较轻松，每天凭兴趣读一点书报，看一点新闻，唯一不能满足的就是此间能谈得来的朋友日渐凋零。读到吴宓的一首给陈寅恪的诗，其中有句"锦城（当时陈、吴在四川成都）欣得聚，晚岁重知音"两句，深有共鸣之心绪也。今年季节好身体也好时，盼能与你、鲍老一聚，如何？……今年真冷，这两天才稍稍好一点。见到鲍老把我的情况简告，等两天我给他写信。握手！

（2013.1.12）

224

2013年2月12日夜间，郑震感觉脚跟部关节疼痛，折腾一夜，一早送到弋矶山医院，23日转院到合肥。25日，CT和核磁共振检查报告出来，确诊为"肿瘤病变"晚期，并且已经扩散了。

26日下午，鲍加、刘继潮、班苓和张邦辑等人再次来医院看望。鲍加告别郑震出了病房后，对郑莓和永铃沉痛地说："郑老这次恐怕难以挺过去了，状态不太好。"

3月5日中午，急救车载着郑震返回芜湖，这是他最后一次离开了生他养他的故乡——合肥，但此时郑震已经不省人事了。

郑震自安徽医大回芜湖后，身体每况愈下，饭量极少，神智也是时而清醒，时而昏迷，话也越来越少。清醒之际，有时长时间地仰望着天花板，久久沉思不语。一次，对他大女婿陈国勇说："看来我这次麻烦大了。"国勇知道他岳父的这次真实病情，听了很伤感，因为每年郑震去弋矶山医院体检，都是国勇陪同。国勇安慰说："爸爸，没事的，你会好起来。"

3月15日上午，郑震对他的子女说："问问医生，能否给我三个月时间，我把一些文章和自传完成。"说话的声调近乎苍凉。

郑莓问他："爸，你现在能写字吗？"他说："能呀！"郑莓拿来纸和笔，扶起他坐靠在床上。郑震拿着笔，颤颤巍巍地写下了一行字：

"高寿者应保持继续有一点力所能及的工作，如此则予愿足矣！"郑莓当时看了就泪水盈眶，哽咽着问："爸，还能签名吗？"他说："能签名啊。"接着用笔又签下了"郑震"二字，字迹有些歪斜，看得出他已经很疲倦了。

（郑震　2013年3月15日）

郑震没有想到，他一生中签过无数个名字，但是这一次，"郑震"两个字竟是他最后的签名！这一行绝笔遗言，在以后的日子里，见者无不为之震撼、感动。

陶天月先生看了绝笔后说："这一行绝笔遗言，真正是'生命不息，奋斗不止'，怎不使人敬仰？"

2013年3月26日晚上9点20分，郑震在芜湖市弋矶山医院溘然长逝，走完了他91年的人生历程！

在郑震逝世一周年后，庄永明先生在安徽歙县为郑震创建了一座民办公助颇具规模的"郑震艺术馆"。开馆之日，中国美术家协会发来贺信，对郑震一生作了如下评价：

　　郑震先生是一位令人敬仰的著名美术家、美术教育家。七十多年来，郑震先生勤奋耕耘，创作出大量具有深刻思想和艺术魅力的版画、水彩画和中国画作品，他是安徽现代版画艺术和现代美术教育的开拓者、奠基者之一，为中国美术事业的创新发展做出了重要贡献。

同时，"郑震教授纪念馆"于安徽师范大学美术学院建院70周年之际也正式落成，馆址位于美术学院内。馆里陈列着他的四个子女捐赠的不同时期郑震的代表画作，有中国画、版画、水彩画等80余幅。

主要参考资料

1. 《郑震文集》（安徽美术出版社2012年版）

2. 《丹心育桃李　妙笔绘人生——郑震教授纪念集》（安徽师范大学出版社2014年版）

3. 《中国美术家协会贺信》（2013年6月28日）

附录一

郑震先生年表

高飞〔辑〕

228

1922年11月　生于合肥。原名郑世勋。

1922—1932年　在合肥、广德、郎溪等地读书。

1933—1937年　在芜湖读完小学和初中。

1938—1940年　抗日战争爆发，失学、流亡。

1940年　在合肥动员委员会当抗敌救亡宣传队队员。

1941—1942年　在金寨做小职员，开始发表文稿和第一幅木刻。

1942—1943年　在西安做小职员，发表许多诗、散文和木刻作品。

1944年　在陕西宜川中学任语文、美术教师；演出根据契诃夫小说改编的话剧《蠢货》。

1945—1946年　任报刊编辑，发表许多文稿和木刻。

1946—1947年　加入中华全国木刻家协会；木刻《牧马》参加第二届全国木刻展览；在白沙中学教书。

1947—1948年　木刻参加全国展览，并被选送苏联、日本、中国香港等地展出。

1948—1949年　在合肥中正中学教书，直至解放。任皖北文艺干校教师；与周芜联合举办木刻展；演出话剧《夜店》。

1950年　主演话剧《大渡河》《棠棣之花》等；被《华东画报》社聘为绘画通讯员。

1951年　创作年画作品由安徽人民出版社出版。

1952年　皖北文艺干校并入安徽师范学院（芜湖），成立艺术科，任美术、文艺理论教师；木刻《太白楼》发表于《工农兵画报》。

1953年　创作木刻《农村图片阅览站》《别闹，妈妈在学习》，发表于《连环画报》；创作连环画作品发表于《光明日报》。

1954年　木刻《扩建中的工厂》参加第二届全国美展，发表于《新观察》；木刻《秋江》《探宝山》发表于《安徽文艺》；木刻《控诉蒋匪暴行》参加华东举办的"一定要解放台湾"展览；宣传画《毕业了，参加农业生产去》由上海人民美术出版社出版；水彩画《挖泥船》参加全国水彩展览。

1955年　木刻《去田间》由上海新艺术出版社出版；同年因胡风问题受株连，被审查。

1956年　木刻《风雨无阻》参加全国青年美展；木刻《晨》参加省青年美展并获奖；木刻《雪天小景》发表于《安徽文学》；创作年画两幅，由安徽人民出版社出版；被评为讲师。

1957年　木刻《雨后原野》发表《美术》第4期；木刻《在佛子岭人造湖上》参加第三届全国版画展、社会主义国家造型艺术展，入编苏联出版的画册，并被东方博物馆收藏；木刻《江畔》参加第三届版画展、社会主义国家造型艺术展览，发表于《版画》第9期；木刻《杏花春雨江南》参加全国版画展，由人民美术出版社出版。

1958年　木刻《春讯》参加第四届全国版画展，发表于《版画》；木刻《春风》《湖上渔歌》发表于《东风画刊》；木刻《春江》参加1960年全国美展，发表于《萌芽》；宣传画《向科学文化进军》由安徽人民出版社出版。

1959年　木刻《村前傍晚》《友谊》《劈山建厂》等发表于《版画》；木刻《在佛子岭人造湖上》《春讯》《江畔》《公社鸭群》收录由安徽人民出版社出版的《安徽木刻选集》。

1960年　在赖少其领导下所创作的大幅版画《黄山组画》陈列于人民大会堂，由上海朵云轩、人民美术出版社出版，被称之为"新徽派"；安徽艺术学院成立，任教员；木刻《采石矶》参加全国美展。

1961年　木刻《茶山晨曲》发表于《上海文艺》；《茶山晨曲》《牧羊女》由上海朵云轩出版；与丁少中合作的《连拱坝颂》发表于《中国青年》等报刊，并由人民美术出版社出版。

1962年　为诗人严阵、那沙诗集作插图；木刻《抢收》由上海人民美术出版社出版；木刻《林间》《山村》等发表于《人民日报》；木刻《百舸争流》发表于《文艺报》；木刻《牧羊女》《市郊的早晨》《水库渔汛》由朵云轩出版；与吴东梁、方雪鸪等举办水彩画联展，安徽人民出版社出版《水彩画小辑》；木刻《春潮》《梅山秋色》《公社水库》《水乡晨雾》等一批小型木刻参加省展；论文《试论绘画的独创风格》发表于《安徽日报》，《人民日报》转载。

1963年　安徽艺术学院撤销，随系并入合肥师范学院成立艺术系，任美术教研室主任；木刻《春潮》发表于《文汇报》（5月26日笔会版）；木刻《老妪解诗》发表于《安徽文艺》；木刻《渡口》发表于《河北美术》，收录由安徽人民出版社出版的《美术作品选辑》（第一辑）；制作一批教学示范木刻。

1964—1969年　与鲍加合作《战地黄花分外香》参加全国美术作品展览；四清运动开始，下放淮北农村；在"文化大革命"中受迫害，创作活动一度中断。

1970—1971年　在淮北利辛县画了大量速写和水彩画；时被县文化馆抽调打杂画宣传画。

1972年　被阜阳地区抽调进行创作，木刻《接班》以"阜阳地区革命委员会供稿"名义发表于《文艺作品》；木刻《胜似春光》《飞雪迎春》发表于《安徽文艺》；创作套色木刻《平原春色》。

1973年　由淮北农村调回（芜湖）安徽师范大学艺术系，重新任教；创作木刻《夜诊》《淮北之秋》；《飞雪迎春到》收录《安徽美术作品选》（第二辑·版画）。

1974年　创作木刻《小水电站》《路口》。

1975年　木刻《愚公岭上春常在》刊载于《美术》。

1977—1978年　论文《鲁迅与木刻艺术》发表于《文艺评论》；评论《秋日赏画记》发表于《安徽日报》。

1979年　著《版画的基础知识和技法》，由安徽人民出版社出版；从讲师越级晋升为教授（当时安徽省高校首位美术专业教授）；去三峡、庐山等地写生；参加第四届全国文代会；与柳新生联合举办水彩画展，在合肥、南通、福州等地展出；木刻《薄暮时分》《万木春》参加建国30周年全国美展、第六届全国版画展；参加在巴黎举办的"中国五十年版画展"、在日本举办的"中国现代版画展"，后被中国美术馆收藏。

1980年　任安徽师范大学艺术系主任；木刻《工地的傍晚》发表于《人民日报》；套色木刻《薄暮时分》发表于《画刊》创刊号；木刻《在早春的园林里》《淮北冬至》发表于《劲草》；木刻《桃花潭水》发表于《艺谭》试刊号；木刻《神女蜂下》发表于《版画》；被选为中国版画家协会理事。

1981年　论文《高等师范艺术教育中的几个问题》发表于《安徽师大学报》；木刻《在小河边》《翠雨江南》发表于《新观察》；参加水彩画

七人展（由中国美术家协会组织）；作品《雪霁》《江南春色》由中国美术馆收藏；水彩画《春雨》《秋阳》参加华东水彩画展；《中国新兴版画50年选集》收录《在佛子岭人造湖上》《薄暮时分》《万木春》；木刻《采石矶》参加第七届全国版画展，由四川美术家协会收藏。名入日本出版的《中国现代美术家名鉴》；创作木刻数幅发表于安徽、陕西等地报刊。

1982年 木刻《薄暮时分》参加巴黎沙龙美展；开始转入中国画创作与研究；中国画《雁背夕阳红欲暮》参加安徽省美术作品展；中国画《石钟山》《采石》由中国长江航运局收藏；短论《论画德》《深入生活小议》刊于《安徽美术家通讯》。

1983年 加入中国共产党；木刻《老树春深》《翠雨江南》参加南斯拉夫第15届世界版画展；木刻《秋林曲》参加第八届全国版画展；水彩画《石钟山的早晨》《太白楼之秋》在科威特、孟加拉国展出；水彩画《山乡黄昏》等在合肥展出；在安徽六安讲学；评介文章《流向人民心田的清泉》发表于《安徽日报》。

1984年 木刻《粼粼水乡》参加第六届全国美展优秀作品展；评介文章《倪建明和他的纸版画》刊于《安徽日报》；受国家教委委托负责主编高等师范院校水彩画教材；评介文章《老树婆娑 艺术常春——介绍山水画家王石岑》发表于《画刊》；《黄山晨曦》《梅山水库》《薄暮时分》《粼粼水乡》《采石矶》等作品收录《安徽版画选》。

1985年 与王大仁、张易生水彩画联展在南昌展出；木刻《老树春深》入选在日本举办的中国现代版画展览；中日合出年历，采用木刻《采石矶》；五幅作品参加安徽版画出国展；评介文章《烛光的闪烁——方诗恒遗作展》发表于《安徽日报》；为《审美教育》一书写序言（此时兼任安徽师大美学研究室主任）；参加中国美术家协会代表大会，被推选为全国美协理事。

1986年 木刻《幽谷有声》参加第九届全国版画展；木刻《翠雨江

232

南》《在小河边》收入《中国现代版画家新作选》；水彩画《小镇》《春天有雾的早晨》参加在乌鲁木齐举办的安徽水彩水粉画展；水彩画《回忆那严寒的日子》参加在杭州举办的首届全国水彩、粉画展；水彩画《春天的早晨》发表于《水彩》杂志；日本出版的《中国版画选》收入套色木刻《老树春深》；木刻《月出东山》在广州展出，并发表于《羊城晚报》；另有中国画作品多幅在省内外展出。

1987年　为光明日报出版社出版的《审美教育》撰写序言；藏书票10枚收录安徽美术出版社出版的《中国藏书票选》；中国画《红树醉秋色》《润物无声》参加在香港举办的中国东部地区扇面展；木刻《晚晴》《月出东山》在上海展出；日本出版的《中国现代版画及民间年画》收入木刻《幽谷有声》；水彩画《新安秋色》参加在青海格尔木举办的安徽水彩水粉画展；九月间访问保加利亚，途中画了许多风景写生，并举办了展览。

1988年　郑州出版《中国藏书票》一书，收入藏书票数幅；水彩画《细雨中的教堂》《老树昏鸦》在江苏美术馆展出、收藏；为《鲍加画集》写序言《才华·思考·勤奋的结晶》；由安徽美术出版社出版的《当代艺术》收录版画、水彩画、中国画7幅；当选安徽省美术家协会副主席。

1989年　几幅水彩画在保加利亚展出；中国画在广州展出；评价桑建国、朱白亭短文分别发表于《安徽美术家》《安徽日报》；安徽省广播电台播专访；主编《高等师范院校水彩画教材》，由漓江出版社出版。

1990年　水彩画《老树》在马来西亚展出；评介文章《安徽版画界的新星——小论刘健》发表于《安徽美术家》创刊号；水彩画《翠竹》在意大利展出；去绍兴讲学；安徽省电视台拍、播专题片《老树凛秋色愈浓》；安徽省美术理论研究会成立，任会长；安徽省美术家协会颁发"功劳杯奖"；被收入《中国当代名人录》。

1991年　在德国展出水彩及版画各一幅；为研究生上少量课，为芜湖老年大学上课；《潜心求探索的人——青年画家桑建国》发表于《安徽美术家》总第3期。

1992年　水彩画在韩国展出，获奖状；作品被收入《中国水彩画精选100人展》画册；为芜湖新火车站作中国山水画一幅。

1993年　水彩画《秋阳无语》在美国旧金山展出；木刻《翠雨江南》载于中国台湾《中华音乐文化教育》封面；作中国山水画两幅纪念毛泽东诞生100周年。

1994年　为三亚国际机场作中国山水画一幅；中国画参加全国教师优秀作品展；去太湖写生；去滁州师专讲学；秋，退休；任安徽师范大学艺术学院名誉院长。

1995年　创作山水画作品多幅；评介文章《水彩画的丰收季节》发表于《安徽美术家》总第7期。

1996年　中国版画家协会颁发"鲁迅版画奖"；由安徽省文学艺术界联合会、安徽师范大学、安徽省美术家协会、安徽省书画院等主办的"郑震教授从教从艺50年美术作品展览暨学术研讨会"，在合肥隆重举行。《安徽美术家》杂志出版"郑震教授艺术研究专号"一期。发表各个时期创作的作品和一组研究郑震教授艺术的文章。

1997—2002年　常游历皖南、黄山等山川，不断创作中国画作品；创作《故山春暖柳含烟》《山中春雨过》《巫山暮色》等大量山水画作品；套色版画《老树春深》收录《中国现代美术全集·版画（2）》和《中国当代美术（1979—1999）——版画·水彩》；发表大量评介文章；在阜阳师范学院美术系作学术交流；《薄暮时分》《老树春深》选入中国百年版画展；文化部收藏《薄暮时分》等三幅作品；套色版画《晚晴》收录《安徽美术50年》；套色版画《老树春深》收录《中国当代美术》版画、水彩画卷。

2003—2005年　任安徽省美术家协会副主席；创作山水画《不尽秋

光雁影遥》《杏花春雨江南》《一片春光晴带雨》等；评介文章《月是故乡明——谈章飚和他的版画》《永不满足的易振生》，发表于《安徽美术家》总第14期；嘉德拍卖《在佛子岭人造湖上》《薄暮时分》《黄山晨曦》《翠雨江南》；嘉德拍卖《山村小学》《飞雪迎春》《胜似春光》《瑞雪》。

2006年 安徽美术出版社出版《郑震作品集》，收录版画、水彩画、中国画共160余幅；嘉德拍卖《在佛子岭人造湖上》《抢收在风暴之前》《春江》。

2007—2010年 创作《群鸦争晚噪》《秋水长天一色》《斜阳江天一抹红》《载将春色到江南》等山水画作品；哈尔滨版画博物馆收藏《黄山晨曦》并出版。

2011年 创作《遥望河山落照红》等百余幅山水画作品；《美术报》"画家周刊"专版介绍；由（香港）中国美术出版社有限公司出版《郑震水彩画作品集》，共收录190余作品；出版《郑震版画作品集》，共收录280余幅作品；安徽文艺出版社出版《郑震山水画作品集》，共收录90幅作品。

2012年 安徽美术出版社出版《郑震文集》，分"评介篇、画余漫议、序言篇、怀人篇"；《工商导报·山水新安》，专题介绍郑震作品及事迹；由安徽省美术家协会、安徽师范大学举办的郑震教授九十寿辰艺术作品展暨学术研讨会在安徽师范大学美术学院隆重举行。

2013年 3月26日21时20分，在芜湖市弋矶山医院逝世，享年91岁。《中国美术家通讯》，中国美协网，安徽省政府参事室、安徽省文史馆网，《安徽美术家》《芜湖日报》等分别作了报道。

附录二

诗境入丹青　睿智增年寿

余恕诚

　　从 1957 年秋季起，我和郑老同在一所高校，但得与郑老相聚一室，直接蒙受教益，却是迟至三十多年以后的 1992 年冬季。这一年省高校评职称在六安市皖西宾馆举行。郑老和我作为评议组成员，且同在文学艺术专业评议组，前后将近一周。零距离的而且是较长时间的接触，让我切实感受到郑老的宽厚、正直、睿智和博学。由于郑老的平易近人，几天之内，就淡化了我们之间的年龄和辈分距离，能够做到无所拘束地在一起交谈。

　　虽说在皖西宾馆相聚是很迟的事，但我知道郑老毕竟又是很早了。就在我入大学的 1957 年秋季，记不清是在校刊上，还是在图书馆报刊上，看到了他的版画，而且知道了作者郑震先生是本校老师。这幅版画是著名的《在佛子岭人造湖上》。此前，我在六安师范读书，曾于春假期间步行到佛子岭参观。大别山的秀丽风光和佛子岭水库连拱坝的雄伟气势，使我震撼，在头脑里留下极其深刻的印象。此时借助版画，又唤起我对佛子岭的记忆。而且画面上的现代建筑与自然风光、宽阔的人工平湖与周围的高山密林是那样和谐地融合在一起。山林环抱大坝与平湖，水面波光粼粼，渔舟往来，宁静中又极富生气。这种来自艺术的震撼，完全不亚于初次置身佛子岭时的感受。从此，我不但在脑子里永远记住了这幅画，而且记住了它的作者。

按照常情，由于画的媒介作用，我认识郑老应该会很早。但殊不知那是一个特殊的年代。我们入学后即是连续不断的会议和集体活动，超强度的劳动。反右、交心、大办钢铁、勤工俭学、下乡支农、反右倾、四清、"文革"，一浪接一浪，即使是本系师生也无缘多接触，不要说不在同一系科了。这样，再加上我为人腼腆，不喜走动，所以一直未曾想过贸然去见郑老。甚至如果没有六安评职称那一场，或许到现在我也不会至郑老家作客。

不曾正面接触，也不等于对郑老后来的信息一无所知。20世纪60年代以后，我还是零零碎碎知道一些他的情况："文革"时受过冲击，但并不大。改革开放以后又回到学校做系主任，等等。不过，这些都是很粗略的信息，真正切近与深入一点的情况，还是1992年以后在闲聊中获得的：郑老是合肥人，而且与我家还可以说有亲戚关系。他在日本兵占领合肥时，跑反到肥西，在一位姓袁的人家里住了几个月。袁家与郑老、与我家都可算是亲戚。生逢乱世，郑老只念到初中毕业。他自幼喜爱文学，喜爱诗词，写过文章，给报社当过编辑，又在学校里教过文艺理论。因为觉得文艺理论是非多，老是批来批去，才专门从事绘画，而且以所谓阶级性不太鲜明的山水题材为主。这是我从郑老口中得知关于他青年求学和如何走上绘画道路的情况。

郑老从事绘画走的是一条自学的路。没有上过美术学校，没有关系密切的师承。从喜爱文学到从事美术，从没有专门师承，到自己钻研，既致力于版画，又研习水彩画、国画。这样，多所涉猎，使他的知识修养和专业面比较广，视野比较宽阔，在题材、立意、技法上较少受到局限。而缺少师承，则又难免走弯路，妨碍了技法的专精。20世纪后期，在国画方面，他得过王石岑先生的指点，获益良多，但毕竟起步较晚，技法上未能达到王先生的境地。郑老认为自己一生在绘画上的成就与局限，都可以从他所走的道路上找到根源。

郑老有文学、文艺理论的功底，兼擅版画、水彩画、国画三大画类，在他的画中，能够看到书卷气，看到超越一般画法之外的某些艺术追求。就绘画本身而言，版画、水彩画、国画，在他的笔下，既各有画类自身的本色，但又是互相沟通互相吸收的。三种画类在各具本色的同时，又有统一于郑老一身的独特风格。版画，一般注重线条、刀法、明暗，而不大讲究色彩。有的甚至只有黑白对比、层次衬托，显得质朴单纯。而郑老的版画，重视色彩，刚中有柔。整幅画，呈现一种色彩基调，在基调中又含有丰富的光与色。这显然是吸收了水彩画的成分。如《薄暮时分》以深蓝的天空为底色、远色，映衬并突出了高树承受夕照的橙色，同时又有天空高处的黄色，树干背阴面的赭色，徽派房屋马头墙在薄暮中呈现的粉红色，甚至还有人物衣服的红色。如《黄山晨曦》用山体的青色与群峰顶尖上红色进行对比，突出曙光初照山头的景象。于此同时，又用淡黄、淡紫的云和背阴处山峰的茶褐色进行对比。《花里人家》《牧羊女》除丰富的色彩外，又有"线"的勾勒，这些与一般的版画都有所不同。郑老国画也是色彩丰富，并讲究光感，同样是吸收了水彩画的成分，像《红杏梢头寒食雨》《新安暮泊》那种带色的晕染，都有水彩画技法的运用。至于他的国画中还有一些强烈的黑白对比，如《我言秋日胜春朝》中的黑白映衬和表现树干的墨色条纹，则又是吸收了版画与书法的元素。

走进郑老的艺术世界，可以感受到，不论是那一种画，几乎都有被中国文论视为纯正艺术中不可缺少的一种东西，即"意境"。他的版画《林间》有王维诗"返景入深林"的意境；版画《幽谷有声》亦有王维诗"泉声咽危石"的意境；版画《春江》有苏轼诗"春江水暖鸭先知"的意境；

版画《在佛子岭人造湖上》有毛泽东词"高峡出平湖"的意境。至于以诗句为题的画，特别是国画、水彩画，如《野渡》（"野渡无人舟自横"）、《我言秋日胜春朝》《夕阳常共雁飞来》《红杏梢头寒食雨》《万木霜天红烂漫》《水满清江花满山》都是以画笔表现意境的成功之作。并且，在画中不仅有诗画融合的意境，还有在画中体现声响和音乐的。《茶山晨曲》中曲折的溪水沿山涧而下，即有传达水流声音和节奏的意境；《平原之秋》似含有雁叫长空之音；《薄暮时分》似有归鸟晚噪之音；《春雨江南》又似有嗖嗖沥沥的细雨声息。

版画、水彩画、国画三种画类相互吸收交融，乃至追求画与诗、画与乐相交融的意境，是郑老艺术独创性最突出的体现。文学艺术上"出位""参体""破体"，经常是推进变化创新的重要动力。中国书法的以隶入楷，以篆入行草，诗词中的以文入诗，以诗入词，都曾有力地推动了书法和诗词的发展。郑老的成功实践，则是从绘画方面证明了不仅不同画类之间可以互相吸收和生成，而且画与诗、画与音乐、画与书法都有可以互相吸收和沟通之处。

跨画类乃至跨艺术品种之间的沟通与吸收，难度无疑是很大的。"本色"与"非本色"界限的恰当处理，各种艺术因素的把握与运用，对画家的素养与智慧都是一种挑战。郑老宽广的知识面，多种绘画素养，特别是勤奋与睿智，使他足以应对这种挑战。并且郑老的艺术理论修养，他的教学工作与社会实践，跟他的艺术灵感结合，使他的作品在具有书卷气的同时，又不让人有摹拟陈旧之感，而是充溢着大气、灵气和浓厚的时代气息。从反映新中国展开现代化建设的高峡出平湖，到拖拉机耕作，小水电修建；从山村小学，到水库渔歌；从"文革"的严寒到淮北的早春、黄山的晨曦，都清晰地透露了时代信息，寄托了对当下社会的关注与感受。

睿智、勤奋，没有这两者，郑老不可能从初中毕业的起点，走到成为新中国安徽省美术教育的开拓者，成为在几个画类上都具有卓越成就的大师。郑老很慨叹：他的一生，五六岁时是军阀混战，十五六岁是抗日战争，二十五六岁是解放战争，三十五六岁是反右，四十五六岁是"文革"，一生中除了晚年，几乎没有时间能够安定下来从事艺术研修和创作。唯其如此，郑老的确是非常不易。没有睿智加勤奋，绝不可以臻此。下放淮北，该是多么艰辛，但他在淮北却创作了那么多作品。如果是放弃或心灰意懒，绝不会在淮北的寒天草屋里仍一刀一刀地从事木刻。我虽不懂绘画，但能感觉到郑老即使年近八旬，在国画上仍有精进，不少作品显示其笔法是更趋精到和成熟了。睿智和勤奋，促使他的生命力和创造力仍在向前推进和发展。我相信对专业的执着爱好，禀性中的勤奋与智慧，有助于年寿的延续。愿丹青永远伴随郑老，愿勤奋与睿智让郑老长寿！

（余恕诚 安徽师范大学文学院教授）

后　记

父亲离开我们已经整整五年了。有一天夜里，我梦见父亲向我们走来，一如既往地微笑着，依旧那么和蔼可亲。醒来后我的泪水打湿了枕边，辗转难眠。

父亲是一座山，永远耸立在我们子女的心目中。他为安徽现代美术和安徽高等美术教育事业追求奋斗了一生，为"新徽派"版画艺术的开拓、奠基做出了不可磨灭的贡献。他的艺术人生富有传奇性，走的是一条自学的路，坎坷曲折，锲而不舍，既艰辛刻苦，又辉煌多彩。

安徽省美协原主席鲍加先生是父亲六十余年的挚友，在他和刘继潮、章飚等老师敦促鼓励下，我们鼓起勇气，姐姐郑莓整理搜集父亲的相关文献、资料和录音等，由我执笔，历时三年，几易其稿，终于完成《诗意的沉浸——郑震艺术人生》这本书。

本书主要是追寻父亲人生的艺术轨迹。

父亲在他生命的最后两年里，曾写下《自传》前一部分初稿，约一万字左右，时间跨度是从1922年他的出生到1949年合肥解放前夕，手稿现在保存在郑小焰处。本书上卷即依据父亲《自传》手稿整理撰写。

书中有关父亲部分作品创作年代和高飞院长所辑录的年表略有出入，是因为其创作年月和实际发表、参展、收藏的年月往往不同，比如《江畔》，我收藏的两张作品上面都有父亲的亲笔签名，落款时间分别是"1956.12"和"1957"，特此说明。

值此本书付梓之际，我和姐姐郑莓感谢鲍加老、陶天月老、龚艺岚老的鼓励鞭策，感谢刘继潮、章飚、张宜银等老师提供资料及具体指导帮助，感谢高飞先生一直关心和张奇才社长、胡志恒先生的支持。

感谢亲友们几年来的协助以及刘艳琴、张文莉等朋友的初稿校对。

郑永钤

2018年5月于合肥城南烟雨轩